Linz auf einen Blick
0 2 km
© Reise Know-How 2022
Höhepunkte außerhalb des Stadtzentrums S. 45
26 Pöstlingberg
Kultur am Strom: Top-Museen an der Donau S. 34
20 Lentos Kunstmuseum
Linz' gute Stube: die Altstadt S. 14
13 Neuer Dom (Mariendom)
Kaufmeile und Kirchen: rechts und links der Landstraße S. 26
Linzer Schloss 8
Hauptplatz u. Dreifaltigkeitssäule 1
6 Landhaus
31 voestalpine Stahlwelt

Cleveres Nummernsystem
Die Sehenswürdigkeiten sind im Text und im Kartenmaterial mit derselben **magentafarbenen ovalen Nummer** 1 markiert. Alle anderen Lokalitäten wie Geschäfte, Restaurants usw. tragen ein **Symbol und eine fortlaufende rote Nummer** (1). Die Liste aller Orte und die Zeichenerklärung befinden sich im Anhang.

Der Schmetterling ...
... zeigt an, wo man Angebote im Bereich des nachhaltigen Tourismus findet.

Bewertung der Sehenswürdigkeiten
★★★ nicht verpassen
★★ besonders sehenswert
★ wichtig für speziell interessierte Besucher

Planquadrat im Kartenmaterial
[A1] Orte ohne diese Angabe liegen außerhalb unserer Karten. Ihre Lage kann aber wie die aller Ortsmarken mithilfe der begleitenden Web-App angezeigt werden (s. Anhang).

Updates zum Buch
www.reise-know-how.de/citytrip/linz22

Vorwahlen
› für Österreich: 0043
› für Linz: 0732

Top-Adresse für Liebhaber moderner Kunst: das Lentos Kunstmuseum 20 an der Donau (075lz-lt)

FALTPLAN

»Schreiben Sie uns!

Wir hoffen, dass Ihnen dieser Reiseführer gefällt und er Ihnen ein guter Begleiter auf einer außergewöhnlichen und spannenden Reise ist.

Weil ein Reiseführer von Erfahrungen lebt, sind wir an Ihren Erlebnissen interessiert: Haben Sie im Buch ein Restaurant entdeckt, das es nicht mehr gibt, eine Sehenswürdigkeit, die wir noch nicht aufgeführt haben, oder eine falsche Adresse? Dann schreiben Sie uns!

Wir nehmen jeden Hinweis und jede Kritik ernst und arbeiten kontinuierlich daran, die Bücher aktuell zu halten und immer weiter zu verbessern. Auch wenn wir nicht jeden Wunsch erfüllen können, machen wir uns immer Gedanken über Ihre Anmerkungen.

Schreiben Sie an: info@reise-know-how.de oder Reise Know-How Verlag Peter Rump GmbH, Postfach 140666, 33626 Bielefeld

Wenn sich Ihre Infos direkt auf das Buch beziehen, bitten wir um die Angabe der Seitenzahl und der Auflagennummer bzw. des Erscheinungsjahres. Besonders hilfreiche Beiträge belohnen wir mit einem Sprachführer Ihrer Wahl aus unserer „Kauderwelsch"-Reihe.

Herzlichen Dank und gute Reisen
Ihr Reise Know-How Verlag

Diesem Buch wurde hier ein herausnehmbarer Faltplan beigefügt.
Sollte er beim Erwerb des Buches nicht mehr vorhanden sein, fragen Sie bitte bei Ihrem Buchhändler nach.

Liebe Leserin, lieber Leser,

ein unabhängiger Verlag für unabhängig Reisende – das sind wir, der Reise Know-How Verlag aus Bielefeld, eines der letzten Familienunternehmen in der Branche. Obwohl wir zu den größten Reiseführerverlagen Deutschlands gehören, ist der familiäre Umgang miteinander in allen Bereichen des Verlagslebens zu spüren: In der Geschäftsführung in zweiter Generation, in einer wertschätzenden Arbeitsatmosphäre, in der Nähe zu unseren frei arbeitenden Autorinnen und Autoren, im engen Austausch mit unseren Leserinnen und Lesern – und auch in der Zusammenarbeit mit Druckereien in Deutschland, in denen wir ausschließlich und regional unsere Bücher produzieren. Die sollen schließlich erst mit Ihnen auf große Reise gehen.

Alles, was wir in unsere Bücher und Landkarten stecken, soll Ihnen eines ermöglichen: Auf Ihre ganz eigene, individuelle Weise die Welt zu entdecken. Wir wünschen Ihnen viel Freude und unvergessliche Erlebnisse mit diesem Reiseführer.

Es grüßen herzlich
Peter Rump & Wayan Rump

Donau, Dom und Torte – auf nach Linz!

Einen Städtetrip nach Österreich geplant und noch unschlüssig, wohin es gehen soll? Dann nichts wie auf nach Linz!

Linz ist eine lebendige Großstadt mit dem Herz am rechten Fleck. Die drittgrößte Stadt Österreichs ist sowohl von Deutschland als auch von Ostösterreich aus unkompliziert zu erreichen, sie ist überschaubarer als Wien und weniger ein großflächiges Freilichtmuseum voller Touristen wie etwa Salzburg. Dank der oberösterreichischen Gastfreundschaft und des fehlenden Dünkels seiner Bewohner hat sich die Stadt stets ihre Bodenständigkeit bewahrt.

Und doch ist sie auch eine Stadt der Kontraste: Während die Außenbezirke von teils unattraktiven Wohnsiedlungen und Industriekomplexen geprägt sind, verbergen sich in der Innenstadt einige der bedeutendsten Sehenswürdigkeiten der Alpenrepublik: etwa der Mariendom 13, Österreichs größte Kathedrale, die Linzer Burganlage 8 hoch über der Donau oder der Hauptplatz 1 als einer der schönsten Stadtplätze Österreichs.

Am Freinberg 28 oder am Pöstlingberg 26 ist Linz auch eine grüne Stadt voller Naturschönheiten, die zum Wandern einladen oder dazu, einfach die Seele baumeln zu lassen.

Linz ist eine multikulturelle Stadt und eine echte Donaumetropole. In Linz ist alles im Fluss! Lassen Sie sich durch die Altstadtgassen treiben und seien Sie sicher: Sie werden Spannendes entdecken. Als Belohnung winkt mindestens die berühmte Linzer Torte, bestenfalls eine wunderbare Erinnerung an einen CityTrip in die Stadt an der Donau!

Der Autor

Sven Eisermann hat Linz auf den zweiten Blick kennen und lieben gelernt. Der gebürtige Bayer lebt seit einiger Zeit in Österreich. Früher fuhr er oft an Linz vorbei, seit einigen Jahren besucht er die Donaustadt regelmäßig. Für den Autor stellt Linz eine liebenswerte Symbiose zwischen Bayern und Ostösterreich dar: Hier vereinen sich bayerische Natürlichkeit und österreichischer Charme. Nach und nach entdeckte er neben den Hauptsehenswürdigkeiten immer mehr verborgene Schönheiten, die er den Lesern in diesem CityTrip-Band näherbringen möchte. Schließlich, so der Autor, sei Linz eine österreichische Perle, die sich in einer Muschelschale aus Industrie und Bodenständigkeit versteckt, wenngleich sie sich in Wahrheit nicht vor anderen österreichischen Städten zu verstecken brauche. Von Sven Eisermann sind im Reise Know-How Verlag auch Reiseführer über München, Innsbruck, Wien, Bratislava und Bozen/Meran erschienen.

084lz-se

Inhalt

1

NICHT VERPASSEN!

1 Hauptplatz und Dreifaltigkeitssäule [C3]
Der historische Stadtplatz mit der berühmten Dreifaltigkeitssäule ist einer der schönsten Stadtplätze Österreichs und das pulsierende Herz von Linz (s. S. 14).

6 Landhaus [B4]
Der Sitz des oberösterreichischen Landtags ist ein Meisterwerk der Renaissance (s. S. 20).

8 Linzer Schloss [B3]
Sowohl das Schlossmuseum als auch der hübsche Schlosspark lohnen den Aufstieg. Zusätzlich genießt man einen schönen Blick über die Stadt (s. S. 22).

13 Neuer Dom (Mariendom) [C5]
Hier betritt man das flächenmäßig größte Gotteshaus Österreichs – ein architektonisches Zeugnis des 19. Jahrhunderts (s. S. 28).

20 Lentos Kunstmuseum [C2]
Moderne Kunst von Weltformat wird in einem futuristischen Bau an der Donau präsentiert (s. S. 39).

26 Pöstlingberg [ag]
Mit der Pöstlingbergbahn 25 geht es hinauf auf den berühmten Aussichtsberg mit seiner markanten Wallfahrtskirche und der Grottenbahn (s. S. 49).

31 voestalpine Stahlwelt [dj]
Hier schlägt der industrielle Puls der Stahlstadt. Nicht entgehen lassen sollte man sich die geführte Werkstour (s. S. 54).

35 Enns
Die älteste Stadt des Landes ist nicht weit von Linz entfernt. Sie besitzt einen wunderschönen Stadtturm und war die Keimzelle des Christentums in Österreich (s. S. 64).

41 Stift Kremsmünster
Für Geschichts- und Kunstliebhaber ist eine Stiftsführung ein Muss – nicht nur wegen des berühmten Tassilokelchs (s. S. 70).

069lz-fo©helgereinke

Willkommen in Linz

Linz ist **Donaustadt.** Linz ist **Mittelalterstadt.** Linz ist **Stahlstadt.** Linz ist **Kunststadt** und **UNESCO City of Media Arts.** Schon diese vier Sätze machen deutlich, dass es viel zu entdecken gibt und doch ist Linz für Besucher schnell zu durchschauen, übersichtlich strukturiert und vereint die wichtigsten touristischen Highlights auf einem relativ eng begrenzten Areal.

In Linz gibt es eine Hauptachse, an der man sich stets orientieren kann und die von Süd nach Nord verläuft: Gebildet wird sie unter anderem von der **Landstraße** – einer belebten Einkaufs- und Flaniermeile zwischen Hauptbahnhof und Taubenmarkt, an der sich auch etliche interessante Kirchen wie an einer Perlenkette aufreihen. Eine Alternative zur manchmal etwas hektischen Landstraße ist die parallel verlaufende **Herrenstraße** mit ihren individuellen, kleinen Geschäften, die nördlich auf die Promenade mit dem bekannten Café Traxlmayr (s. S. 81) und dem Adalbert-Stifter-Denkmal (s. S. 22) stößt.

An die Herren- als auch die Landstraße (beim Taubenmarkt) schließt sich die **Altstadt** mit **Landhaus** 6, kleinen Gassen und dem prächtigen **Hauptplatz** 1 im Zentrum an. Dahinter fließt die **Donau**, an deren Ufern sich die berühmtesten **Museen** der Stadt befinden. Rund um die drei Bezugspunkte **Landstraße**, **Hauptplatz** und **Donau** spielt sich fast alles ab in Linz. Mit Ausnahme des auf der nördlichen Donauseite gelegenen **Pöstlingbergs** 26 sind auch fast alle Linzer Hauptsehenswürdigkeiten von hier aus zu Fuß leicht erreichbar: westlich der Landstraße beispielsweise der **Mariendom** 13, westlich des Hauptplatzes das **Linzer Schloss** 8, östlich davon die **Stadtpfarrkirche** 2 und an der Donau das **Lentos Kunstmuseum** 20 und das **Ars Electronica Center** 19.

Man ist in Linz deshalb nur selten auf öffentliche Verkehrsmittel angewiesen und falls doch, spielen sich fast alle Fahrten vermutlich ebenfalls auf der erwähnten Achse ab: Zwischen Hauptbahnhof, Hauptplatz und dem nördlichen Donauufer verläuft die Stammstrecke der Linzer Straßenbahn. Mit den drei Linien 1, 2 und 3 bewegt man sich in Windeseile in südlicher Richtung in Richtung Hauptbahnhof oder in nördlicher Richtung in Richtung Donau und Urfahr.

Von der Altstadt aus lohnen sich Abstecher nach Westen oder Osten. Östlich vom Hauptplatz steht das **Schloss** 8, dahinter befindet sich die **Martinskirche** 9 und hoch über der Donauschleife der **Freinberg** 28. Östlich vom Hauptplatz erreicht man über die Stadtpfarrkirche und die **Landesgalerie** 23 die ehemalige **Tabakfabrik** 22. Auch diese Wege lassen sich bequem zu Fuß erledigen.

Wer gut zu Fuß ist, kann sogar den Pöstlingberg im Norden der Stadt erklimmen; alle anderen fahren vom Hauptplatz aus mit der **Pöstlingbergbahn** 25 auf den berühmtesten Aussichtsberg der Stadt.

Wer das Herz der Stahlstadt Linz laut schlagen hören möchte, muss sich mit den öffentlichen Verkehrsmitteln in den industriell geprägten Osten der Stadt begeben: zur **voestalpine Stahlwelt** 31.

Vorseite: Blick über den Linzer Hauptplatz 1 auf die Stadtpfarrkirche 2 (links) und den Alten Dom 3 (rechts)

0041lz-se

Linz an einem Tag

Auch wer nur einen Tag Zeit hat, um Linz zu erkunden, kann viel von der Stadt sehen, z. B. während des auf Seite 12 beschriebenen **Stadtspaziergangs.** Die wichtigsten Sehenswürdigkeiten liegen relativ nahe beieinander. Auf keinen Fall auslassen sollte man natürlich die **Altstadt** rund um den historischen **Hauptplatz** 1. Hier befinden sich **Alter Dom** 3, **Stadtpfarrkirche** 2 und **Landhaus** 6. Zudem ist es über die Hofgasse nur ein Katzensprung hinauf zum **Linzer Schloss** 8 mit dem idyllischen Schlossgarten und schönem Ausblick über Linz.

Auch ein Abstecher zur nahe gelegenen Donau mit dem **Lentos Kunstmuseum** 20 und dem Blick zum Pöstlingberg darf nicht fehlen – schließlich ist der mächtige Strom seit Jahrtausenden die Lebensader der Stadt. Wenn man mag, kann man das Lentos mit seiner hochkarätigen modernen Kunstsammlung auch gleich von innen ansehen – der Besuch eines Museums ist bei einem Tagesausflug auf jeden Fall drin. Je nach Vorliebe bieten sich als Alternative das **Schlossmuseum** 8 mit seinen umfangreichen geschichtlichen Sammlungen, das **Ars Electronica Center** (**Museum der Moderne**) 19 oder die **Landesgalerie** 23 mit ständig wechselnden Ausstellungen an.

Auch rechts und links der Landstraße, die den Hauptbahnhof mit der Altstadt verbindet, ist einiges geboten: Für Kirchenliebhaber ist ein Besuch des Mariendoms 13 Pflicht.

Am Nachmittag sollte dann noch genügend Zeit bleiben, um einen Abstecher auf einen der beiden Aussichtsberge zu unternehmen: entweder ganz bequem mit der **Pöstlingbergbahn** 25 hinauf zum **Pöstlingberg** 26 mit Wallfahrtskirche und Grottenbahn oder zu Fuß hinauf auf den **Freinberg** 28 mit der Franz-Josephs-Warte. Beide Berge bieten einen herrlichen Blick über die Stadt. Ausklingen lässt man den Tag dann in einem der vielen Lokale der Altstadt.

Blick über die Altstadt in Richtung Norden

Kurztrip nach Linz

Tag 1

Am ersten Tag sollte man sich intensiv und in aller Ruhe mit den Sehenswürdigkeiten der Linzer Innenstadt beschäftigen. Zwischen Hauptbahnhof und Taubenmarkt reihen sich an der Landstraße mehrere Highlights wie an einer Perlenkette aneinander: angefangen vom **Musiktheater** 16, über den monumentalen **Mariendom** 13 bis hin zur barocken **Ursulinenkirche** 11. In der quirligen **Landstraße** oder der parallel verlaufenden, etwas beschaulicheren **Herrenstraße** gibt es zudem jede Menge Geschäfte und gastronomische Angebote. Wie wäre es mit einem Besuch des altehrwürdigen Kaffeehauses Traxlmayr (s. S. 81) und einem Stück Linzer Torte?

Weiter geht es am **Landhaus** 6 vorbei hinein in die historische Altstadt mit dem **Hauptplatz** 1 im Zentrum. In aller Ruhe kann man sich durch die kleinen Gassen treiben lassen oder das eine oder andere Museum besuchen: Um Geschichte und Moderne zu verbinden, empfiehlt sich zunächst ein Besuch des **Lentos Kunstmuseums** 20 an der Donau mit seiner futuristischen Brückenkonstruktion und danach ein Abstecher ins **Nordico Stadtmuseum** 10, das sich intensiv der Stadtgeschichte widmet. Danach kann man den Sonnenuntergang genießen, beispielsweise an der Donau in **Urfahr** 24, wo es einige nette Lokale und Kneipen gibt.

0900zi-se

Tag 2

Den zweiten Tag könnte man mit einem Besuch des **Schlossmuseums** 8 beginnen. Für die Erkundung des sehenswerten Universalmuseums sollte man mindestens ein bis zwei Stunden einplanen. Von hier aus lohnt sich eine Wanderung vorbei an der uralten **Martinskirche** 9 hinauf zum **Freinberg** 28, auf dem schon die alten Kelten siedelten. Wer es bequemer mag, fährt vom Hauptplatz aus mit der **Pöstlingbergbahn** 25 hinauf zum **Pöstlingberg** 26 – und an der nostalgischen **Grottenbahn** werden nicht nur Kinder ihre Freude haben. Wieder unten an der Donau angekommen, erwischt man vielleicht noch ein Ausflugsschiff, das gerade zu einer **Hafenrundfahrt** aufbricht (s. S. 41).

Tag 3

Wer noch einen dritten Tag zur Verfügung hat, dem stehen verschiedene Möglichkeiten offen: Lohnenswert wären ein Abstecher zum Industriedenkmal **Tabakfabrik** 22, wo sich ein neues Szeneviertel entwickelt hat, oder ein Besuch der **voestalpine Stahlwelt** 31 – wenn möglich mit der spannenden **Werkstour** (immer samstags). Graffiti-Fans wird es an den **Mural Har-**

Kunst unter freiem Himmel: Metallskulptur im Donaupark 21

bor 32 mit seinen über 300 Kunstwerken internationaler Graffiti-Künstler ziehen. Oder man verlässt die Stadt und besichtigt eins der sehenswerten barocken Klöster in der Umgebung wie **Sankt Florian** 34 oder **Wilhering** 33. Auch Österreichs älteste Stadt **Enns** 35 hat einiges zu bieten. Ganz in der Nähe befindet sich der erschütternde Erinnerungsort der **KZ-Gedenkstätte Mauthausen** 40. Kunsthistorisch Versierten sei ein Halbtagesausflug zum **Stift Kremsmünster** 41 mit seinem berühmten Tassilokelch ans Herz gelegt.

005lz-fo©anilah

Barocker Blickfang im Herzen der Stadt: die Dreifaltigkeitssäule am Hauptplatz 1

Das gibt es nur in Linz

- **Linzer Torte:** Diese überaus leckere Kalorienbombe kennt man wohl auf der ganzen Welt. In Linz hat sie aber ihren Ursprung und ihre Geheimnisse werden bis heute gepflegt (s. S. 80).
- **Museum der Zukunft:** Das Ars Electronica Center 19 ist ein wahrlich außergewöhnliches Museum. Der Deep Space begeistert Alt und Jung.
- **Österreichs größter Dom:** Erst im Inneren des Mariendoms 13 spürt man die gewaltigen Ausmaße des neogotischen Monuments aus dem 19. Jahrhundert.
- **Eine Fahrt mit der Grottenbahn:** Gleich hinter der Wallfahrtskirche auf dem Pöstlingberg kann man im Rahmen einer Nostalgiefahrt in das Reich der Feen und Zwerge eintauchen (s. S. 50). Ebenfalls einzigartig ist die Pöstlingbergbahn 25, welche vom Hauptplatz zum Gipfel des Linzer Aussichtsbergs führt. Sie stellt eine der steilsten Adhäsionsbahnen (Reibungsbahnen) weltweit dar.
- **Eine Schifffahrt zum Graffiti-Hafen:** Bei der Hafenrundfahrt vom Lentos Museum 20 aus lässt man die Seele baumeln und die kontrastreiche Uferlandschaft an sich vorüberziehen. Im Linzer Hafen kann man die nach eigener Aussage weltweit größte Outdoor-Galerie bestaunen (s. S. 41).
- Die **Linzer Tabakfabrik** 22: In dem denkmalgeschützten Areal, in dem einstmals Millionen Zigaretten produziert worden sind, entsteht gerade ein neuer kultureller Hotspot.

007lz-se

Stadtspaziergang

Da viele Linz-Besucher am Hauptbahnhof [D9] ankommen, soll der Stadtspaziergang hier beginnen und enden. Er kann selbstverständlich auch individuell verkürzt oder variiert werden. Vom Bahnhofsvorplatz mit seinen zwei Löwen, die Reisende begrüßen und verabschieden, geht es zunächst rechts durch die Kärntnerstaße bis zum **Musiktheater** 16 und nach Überquerung der Straße durch den **Volksgarten** 15 zur **Landstraße**, der Haupteinkaufsstraße von Linz.

Je nach Lust und Laune kann man beim Flanieren Richtung Altstadt die eine oder andere Kirche besichtigen: Auf dem Weg befinden sich auf der rechten Straßenseite die **evangelische Martin-Luther-Kirche** 14, die barocke **Karmelitenkirche** 12 und die ebenfalls sehenswerte **Ursulinenkirche** 11.

Am quirligen Taubenmarkt geht es rechts in die Straße Graben und gleich wieder links durch die Domgasse vorbei am **Alten Dom** 3. Sich links haltend erreicht man kurz danach das Herz der Stadt: den **Hauptplatz** 1 mit der **Dreifaltigkeitssäule** im Zentrum. Durch die Brückenkopfgebäude ist es dann nur noch ein Katzensprung zur Donau. Auf der gegenüberliegenden Uferseite sieht man hoch über Linz die Türme der Wallfahrtskirche zu den Sieben Schmerzen Mariä auf dem **Pöstlingberg** 26 und direkt am anderen Ende der **Nibelungenbrücke** 18 steht der moderne Bau des **Ars Electronica Centers** 19, links davon das Neue Rathaus. Der Spaziergang führt jedoch nicht über die Donau, sondern flussabwärts zunächst zu einem anderen futuristischen Donau-Bauwerk der Gegenwartsarchitektur: dem **Lentos Kunstmuseum** 20. Durch den **Donaupark** 21 geht es dann vorbei am Brucknerhaus und an der Eissporthalle wieder weg von der Donau in die Gruberstraße zur **Tabakfabrik** 22, einem denkmalgeschützten Industriegebäude, das heute auf vielfältige Art genutzt wird.

⌃ *Neogotik in Perfektion: die Fassade des Linzer Mariendoms* 13

› *Spannender Kontrast: modernes Kunstwerk im Inneren des Mariendoms* 13

Die Lederergasse führt dann in circa 15 Minuten wieder in Richtung Altstadt zum Pfarrplatz mit der **Stadtpfarrkirche** (2), in der sich die Grabplatte und die Eingeweide Kaiser Friedrichs III. befinden. Jetzt bietet sich eine kleine Pause an – beispielsweise in der hübschen **k & k Hofbäckerei Rath** (s. S. 81) mit ihrer beliebten Linzer Torte oder beim **Leberkas Pepi** (s. S. 78) mit seinem großen Sortiment an warmem Leberkäse.

Gestärkt geht es danach durch die Pfarr- oder Rathausgasse wieder zum Hauptplatz. Ihn überquerend erreicht man die Hofgasse und geht in wenigen Minuten steil hinauf zum **Linzer Schloss** (8), das man durch das Rudolfstor betritt. Die Terrasse bietet eine herrliche Aussicht über die Stadt, ein Stadtmodell und beherbergt das sehenswerte **Oberösterreichische Landesmuseum**. Durch das historische **Friedrichstor** verlässt man die Schlossanlage auf der hinteren Seite und gelangt über die Römerstraße zu der in einer idyllisch-ruhigen Gegend gelegenen **Martinskirche** – einer der ältesten Kirchen Österreichs.

Man spaziert über die Römerstraße wieder zurück und gelangt über eine romantische Treppe vor dem Schloss hinunter bis zur Promenade. Alternativ kann man auch den Weg über die Römerstraße wählen. Unten folgt man der Straße Tummelplatz wieder in die **Altstadt** und erreicht sich rechts haltend in wenigen Minuten das **Landhaus** (6) mit seinem charakteristischen Turm und dem prächtigen Arkadenhof aus der Renaissance. Nach Süden hin verlässt man durch ein Tor das Landhaus-Ensemble und erreicht wieder die **Promenade** (7) mit dem Adalbert-Stifter-Denkmal (s. S. 22) und dem traditionsreichen **Café Traxlmayr** (s. S. 81).

Nachdem man die Promenade überquert hat, führt der Weg durch die Herrenstraße mit seinen hübschen Geschäften bis zum **Mariendom (Neuer Dom)** (13), der größten Kathedrale Österreichs im neogotischen Stil. Weiter über die Herrenstraße und sich leicht links haltend kommt man in die Volksgartenstraße und von hier in ca. 15 Minuten wieder zurück zum Hauptbahnhof.

Alternativ erreicht man vom Mariendom aus über die Bischofstraße oder die Rudigierstraße wieder die Landstraße. Den Stadtrundgang verkürzen kann man unter anderem, indem man die Tabakfabrik außen vor lässt und vom Lentos Kunstmuseum aus über die Rechte Donaustraße gleich den Pfarrplatz mit der Stadtpfarrkirche ansteuert.

› gesamte Weglänge: ca. 10–12 Kilometer, Dauer: ca. 4 Stunden

Routenverlauf im Stadtplan

Der hier beschriebene Spaziergang ist mit einer farbigen Linie im Stadtplan eingezeichnet.

se-zl800

Linz' gute Stube: die Altstadt

Rund um den Hauptplatz zeigt sich Linz von seiner schönsten Seite: Kleine verwinkelte Gassen erstrecken sich unterhalb des **Schlossbergs** 8 mit seinem mächtigen Trutzbau aus der Renaissance, der wiederum mit dem **Schlossmuseum** 8 eines der großartigsten Museen der Stadt beherbergt.

Südöstlich wird die Altstadt von der mondänen **Promenade** 7 umschlossen. Neben repräsentativen und kulturell bedeutenden Bauwerken wie dem **Landhaus** 6 und dem **Landestheater** (s. S. 84) zieht vor allem das berühmte **Café Traxlmayr** (s. S. 81) Besucher und Touristen in seine altösterreichische Kaffeehauswelt.

Östlich des Hauptplatzes lohnen die **Stadtpfarrkirche** 2 mit der Grabplatte Kaiser Friedrichs III. einen Abstecher. Der **Hauptplatz** 1 selbst mit der barocken Dreifaltigkeitssäule ist einer der größten und schönsten Stadtplätze Österreichs und das unumstrittene Zentrum von Linz.

1 Hauptplatz und Dreifaltigkeitssäule ★★★ [C3]

Der Linzer Hauptplatz ist mit seinen circa 13.200 Quadratmetern Fläche einer der größten umbauten Plätze von ganz Europa. Bereits im Hochmittelalter (um ca. 1230) wurde der 219 Meter lange und 60 Meter breite Platz angelegt.

Er bildet gewissermaßen den Abschluss der Achse Landstraße/Schmidtorstraße und reicht bis kurz vor die Donau, die nördlich der beiden Brückenkopfbauten an Linz vorbeiströmt. Die Schmidtorstraße erinnert an das einst hier befindliche Altstadttor. Durch seine erhöhte Lage ist der Linzer Hauptplatz trotz Nähe zur Donau hochwasserresistent, während tiefer gelegene Altstadtgassen immer wieder mal überflutet werden.

Im Laufe seiner fast **800-jährigen Geschichte** haben die Menschen dem Platz schon viele Namen gegeben. An dem Markt, Heubühel, Franz-

Josephs-Platz (benannt nach Kaiser Franz Joseph I.), Platz des 12. Novembers (Ausrufung der Ersten Republik) und Adolf-Hitler-Platz wurde er genannt. Insbesondere an den letzteren Namen erinnert man sich nur ungern. Seit 1945 heißt der Platz offiziell Hauptplatz – eine unverfängliche und historisch neutrale Bezeichnung, die sich bewährt hat.

Immer schon hat sich auf dem Platz pulsierendes und pralles Leben abgespielt: Jahrmärkte und große Veranstaltungen wurden abgehalten und auch heute finden regelmäßig Events statt – von Konzerten bis hin zum Christkindlmarkt. Im Mai des Jahres 1521 soll mit dem „Losensteiner Turnier" anlässlich der Hochzeit von Erzherzog Ferdinand mit Anna von Ungarn eines der letzten großen Ritterturniere des Spätmittelalters hier stattgefunden haben. Heute dienen große Teile des Platzes als Fußgängerzone mit etlichen Gastronomiebetrieben. Gleichzeitig ist der Platz auch ein quirliges Zentrum des Straßenbahnnetzes – seit einigen Jahren startet auch die Pöstlingbergbahn 25 von hier aus.

Insgesamt wirkt der Platz mit seinen historischen Fassaden architektonisch sehr harmonisch. Bei genauerer Rundumsicht fallen aber schnell zwei Gebäude auf, die irgendwie nicht so ganz ins Ensemble passen wollen: Es sind die beiden **Brückenkopfgebäude,** die den Durchgang zur Nibelungenbrücke 18 bilden. Die monumentalen, neoklassizistischen Relikte aus der NS-Zeit wurden ab 1940 errichtet. Sie sind denkmalgeschützt und wurden von 2015 bis 2019 generalsaniert. Auf dem Dach des östlichen Brückenkopfs entstand ein **Glasaufbau mit Aufzug** und Ausblick über Linz, der circa 10 Meter über das Dach hinausragt. Aus der Zeit des Zweiten Weltkriegs stammen auch gewaltige Bunkeranlagen unter dem Platz.

Eines der augenfälligsten und geschichtsträchtigsten Gebäude ist das 1513/1514 errichtete **Alte Rathaus** (Hauptplatz 1, mit kleinem Turm), in dem der Linzer Bürgermeister residiert. Im Eingangsbereich sind die Porträttafeln von vier berühmten Linzer Persönlichkeiten angebracht: Anton Bruckner, Johann Adam Pruner (ehemaliger Bürgermeister), Johannes Kepler und Kaiser Friedrich III. (s. S. 18). Zu den touristischen Höhepunkten am Hauptplatz zählt auch das **Feichtinger-Haus** (Hauptplatz 18) mit seinem **Glockenspiel.** Im Laufe des Jahres hört man die oberösterreichische Landeshymne, Kompositionen von Mozart, Haydn und Bruckner oder Weihnachtslieder – jeweils um 11.03, 14.03 und 17.03 Uhr für etwa vier Minuten.

Unübersehbares Wahrzeichen des Hauptplatzes ist die **Dreifaltigkeitssäule.** Die 20 Meter hohe Pestsäule aus weißem Salzburger Marmor wurde zwischen 1717 und 1723 nach einem Entwurf des italienischen Architekten Antonio Beduzzi vom Steinmetzmeister Sebastian Stumpfegger errichtet – aus Dankbarkeit für die Errettung der Bevölkerung aus **Kriegsgefahr** (1704), **Feuer** (1712) und **Pest** (1713). Kein Wunder also, dass die Pestheiligen Sebastian und Karl Borromäus sowie der Feuerschutzpatron Florian, dessen Heiligenlegende eng mit dem benachbarten Enns 35

Gute Stube: der Hauptplatz gehört zu den schönsten Stadtplätzen Österreichs

und Sankt Florian 34 verbunden ist, als Statuen den Sockel der Säule dominieren. Auf einem Halbmond und einer Schlange steht darüber die Figur der Maria Immaculata (Maria der unbefleckten Empfängnis). Bekrönt wird die Säule durch die **Heilige Dreifaltigkeit:** Gott Vater mit Zepter und Weltkugel, Gott Sohn mit Kreuz und der Heilige Geist als Taube.

› Linien 1, 2, 3 „Hauptplatz"

2 Stadtpfarrkirche Mariä Himmelfahrt ★★ [C3]

Im Gegensatz zum neugotischen Mariendom 13 und der sich direkt am Hauptplatz befindenden Jesuitenkirche (Alter Dom 3) scheint sich die Stadtpfarrkirche am östlichen Rand der Altstadt etwas zu verstecken. Auch der sie umgebende Pfarrplatz ist beschaulicher und ruhiger als der benachbarte Hauptplatz. Gleichwohl ist auch die Stadtpfarrkirche mit ihrem 84 Meter hohen Glockenturm ein markantes Wahrzeichen der Stadtsilhouette. Daneben hat sie etwas für Linz Einzigartiges zu bieten: Hier wurden die Eingeweide eines deutsch-römischen Kaisers beigesetzt.

Gegründet wurde die erste einschiffige **romanische Stadtpfarrkirche** wohl im Zuge der Stadterweiterung zu Beginn des 13. Jahrhunderts. Erstmals urkundlich erwähnt ist sie am 2. Februar 1286. Im Laufe der Jahrhunderte wurde sie mehrmals umgestaltet, erweitert und im 17. Jahrhundert zur **dreischiffigen Barockkirche** ausgebaut.

Im Außenbereich befinden sich mehrere Wandgrabsteine aus der Zeit zwischen dem 16. und dem 18. Jahrhundert, eine Gedenktafel, die an den hier als Organisten tätigen Anton Bruckner erinnert, eine Ölbergsgruppe im Chorwinkel sowie ein prunkvolles barockes Monument zu Ehren des **heiligen Nepomuk** an der Ostseite – Letzteres gestaltet und entworfen von Johann Lucas von Hildebrandt und Georg Raphael Donner. Der böhmische Heilige wird auch im Kircheninneren in einer prächtig gestalteten Rokoko-Seitenkapelle rechts vom Hauptportal verehrt.

Durch dieses oder durch das nördliche Seitenportal betritt man auch das Kircheninnere. Den etwas düster wirkenden Kirchenraum umgibt eine besondere Stille: Er lädt zur inneren Einkehr abseits des innerstädtischen Trubels ein. Blickfang sind der monumentale, golden glänzende **Hochaltar** und die prachtvolle **Kanzel.** Das Altarbild stellt Mariens Aufnahme in den Himmel dar und stammt von Johann Carl von Reslfeld (1695). Das **Deckenfresko** im Chorraum stammt von Bartolomeo Altomonte (1772) und thematisiert den „Triumph der Religion".

Der imposante Kirchturm der Stadtpfarrkirche Mariä Himmelfahrt

Besucher können um den Volksaltar herum in den Chorraum vordringen. Dort befindet sich der aus Rotmarmor gefertigte **Wandgrabstein Kaiser Friedrichs III.**, der 1493 in Linz verstorben ist und dessen Eingeweide hier bestattet sind (s. S. 18). Eine lateinische Inschrift verweist darauf, das Relief darunter zeigt den Doppeladler als Kaiserwappen im Zentrum, darüber die Kaiserkrone und rechts und links unterschiedliche österreichische Wappen.

Außerdem verdienen im Kircheninneren unter anderem folgende Dinge Beachtung: 13 fast lebensgroße barocke **Apostelfiguren** an den Pfeilern, der **Sakramentsaltar** im linken Seitenschiff mit der Abbildung des Letzten Abendmahls und der sich ebenfalls im linken Seitenschiff befindliche **Kreuzaltar** mit einem als wundertätig verehrten spätgotischen Kruzifix (Christusfigur mit Echthaarperücke).

Kleines Detail am Rande: Vor dem Verlassen der Kirche durch den nördlichen Seiteneingang sollte man kurz auf den Boden blicken. Dort sind alte Wiener Ziegel mit der Jahreszahl 1860 verbaut worden.

› Pfarrplatz, Linien 1, 2, 3 „Hauptplatz“, geöffnet: tägl. 9–18 Uhr, Eintritt frei

3 Alter Dom (Ignatiuskirche) ★★ [C4]

Erst mächtiges Symbol des Jesuitenordens, dann Bischofskirche und heute wieder unter Leitung der Societas Jesu, zählt die barocke Ignatiuskirche zu den beeindruckendsten Kirchenbauten der Stadt.

Im Jahre 1600 holte Kaiser Rudolf II. den militärisch strukturierten Jesuitenorden nach Linz, um mit dessen Hilfe den sich erfolgreich in Oberösterreich etablierten Protestantismus zurückzudrängen. Zwischen 1669 und 1678 wurde die barocke Kirche erbaut, geweiht ist sie dem Ordensgründer **Ignatius von Loyola.** Nach der Aufhebung des Jesuitenordens im Jahre 1773 diente das geräumige Gotteshaus ab 1775 als **Bischofskirche**, weshalb sich auch der Name **Alter Dom** bis heute erhalten hat.

Gleich nach dem Durchschreiten des Portals beeindruckt der weiträumige einschiffige **Sakralraum**, der hell erstrahlt. Der Blick wird unweigerlich auf den prächtigen Hochaltar mit dem Mariä-Himmelfahrt-Bildnis im Zentrum gelenkt. Einst prägte diesen Platz ein Gemälde des Ordensgründers, das jedoch nach der Ordensauflösung abhandengekommen ist.

In der für Jesuitenkirchen typischen Manier präsentiert sich die **Kanzel** wuchtig und reich verziert. Kein Wunder: Schließlich waren flammende Predigten eine der wichtigsten Ausdrucksformen des Ordens.

Die **barocke Orgel** diente zwischen 1856 und 1868 dem Komponisten Anton Bruckner als Instrument, das er seinen Vorstellungen entsprechend umbauen ließ und das bis heute im Rahmen von Orgelkonzerten die musikalisch versierten Besucher begeistert.

› Domgasse 3, Linien 1, 2, 3 „Hauptplatz“, www.ignatiuskirche-linz.at, geöffnet: tägl. 8–18 Uhr, Di. bis 19 Uhr

4 Rund um den Alten Markt ★★ [B4]

Wenngleich sich die Altstadt links und rechts des Hauptplatzes erstreckt, so hat sie sich unterhalb des Schlossbergs im Bereich von Hofgasse, Altem Markt und Tummelplatz ihren besonderen spätmittelalterlichen

Charme erhalten. Während die Linzer Straßen ansonsten einem recht klaren geometrischen Muster folgen, sind die Gassen hier verwinkelt, eng und pittoresk.

Einige Häuser verdienen dabei besondere Aufmerksamkeit: Vom Landhaus kommend, steht bei der Adresse Altstadt 17 das **Mozarthaus.** In dem Renaissancebau aus der zweiten Hälfte des 16. Jahrhunderts komponierte Wolfgang Amadeus Mozart im Oktober 1783 die „Linzer Sinfonie" und die „Linzer Sonate" – das Genie benötigte dafür nur drei Tage. Den Hauseingang ziert eine Mozartbüste. Das Haus selbst kann nicht besichtigt werden.

Das **Wilheringer Freihaus** (Altstadt 13) stammt aus dem 17. Jahrhundert und zeigt am Portal das Wappen des **Stifts Wilhering** 33. Aus dicken Mauern besteht das spätmittelalterliche Gebäude der **ehemaligen Markthal-**

Heute eine gute Adresse für Möbel: die ehemalige Markthalle (s. S. 87)

Kaiserstadt Linz – Friedrich III. und seine Zeit

Linz liegt nicht nur im Herzen Europas, die Stadt war im späten Mittelalter auch einige Jahre lang Kaiserstadt und damit schlug hier das Herz des Heiligen Römischen Reichs. In seinen letzten Lebensjahren residierte der Habsburger Kaiser Friedrich III. in Linz und verstarb auch hier. Sein Herz und seine Eingeweide ruhen in der Stadtpfarrkirche 2 und erinnern an einen der letzten, von der Geschichtsschreibung oft unterschätzen Kaiser des Mittelalters.

Wenngleich Linz um das Jahr 1490 mit etwa 2000 Einwohnern im Vergleich zu Wien eine eher untergeordnete Bedeutung hatte, erwählte Friedrich III. die kleinere Donaustadt dennoch für einige Jahre zu seiner kaiserlichen Residenz. Vier Jahre lang, zwischen 1489 und dem Tod des Habsburgers 1493, war Linz für einen Flügelschlag der Geschichte das Zentrum des römisch-deutschen Reichs – eine Tatsache, die die Stadt historisch immerhin in eine Reihe mit Aachen, Regensburg, Prag, Frankfurt am Main und Wien stellt.

Gründe dafür, dass der alternde Monarch Linz zu seiner Altersresidenz erkor, waren wohl einerseits das wirtschaftliche Erstarken Oberösterreichs im 15. Jahrhundert und andererseits die Distanz zu Ostösterreich, wo der Kaiser sich lange Zeit mit seinem Widersacher, dem ungarischen König Matthias Corvinus, herumschlagen musste.

Linz profitierte von der unerwarteten Ehre in kultureller und architektonischer Hinsicht: Eine europäische Elite aus Gelehrten, Künstlern, Alchemisten und Astrologen tummelte sich im Lande ob der Enns – wie das westlich des Flusses Enns gelegene Oberösterreich auch genannt wird –, es gab prächtige Jagdveranstaltungen, venezianische Gesandte hielten sich 1492 weit über einen Monat in Linz auf, Dichter und Hofmusiker präsentierten ihr Können und zogen Bewohner und Besucher in ihren Bann.

Das Linzer Schloss 8 wurde aufwendig ausgebaut, nicht nur von Friedrich III. sondern auch von seinen Nachfolgern, die weiterhin regelmäßig in der Linzer Burg residierten. Ab 1599 wurde das Schloss schließlich im Stil der Renaissance völlig neu errichtet.

011lz-se

An den mittelalterlichen Bau erinnert aber noch das Friedrichstor mit der sagenumwobenen Signatur des Kaisers: AEIOU. Bis heute konnte die genaue Bedeutung der Vokalfolge nicht geklärt werden. Letztendlich hat der Kaiser sein Geheimnis wohl mit ins Grab genommen. Eine Deutung lautet: Austriae Est Imperare Orbi Universo („Es ist Österreich bestimmt, die Welt zu beherrschen“).

Friedrich III. selbst war in seinen Linzer Jahren bereits alt und gebrechlich. Insbesondere sein krankes linkes Bein bereitete ihm große Schmerzen. Da es gänzlich abzusterben drohte, führte man schließlich am 8. Juni 1493 eine Amputation durch – für die damalige Zeit ein unglaublich gewagter Eingriff bei vollem Bewusstsein des bemitleidenswerten Patienten, zu dem die renommiertesten Ärzte Europas nach Linz geholt wurden.

Wenngleich die Operation erfolgreich verlief, überlebte der 78-jährige Monarch sie nur etwa zweieinhalb Monate. Für die Todesursache am 19. August 1493 – gestorben ist der Kaiser wohl nicht in der Burg, sondern im heutigen Kremsmünsterer Haus in der Altstadt (s. S. 20) – wurden aber nicht die Nachwirkungen der Amputation, sondern ein übermäßiger Verzehr von Melonen und damit verbundene Verdauungsprobleme kolportiert.

Zwar überführte man den einbalsamierten Leichnam nach Wien, wo er in einem prächtigen Marmor-Sarkophag im Stephansdom seine letzte Ruhe fand, Herz und Eingeweide des Kaisers verblieben jedoch in Linz und wurden in der Stadtpfarrkirche bestattet. Die Übersetzung der dortigen lateinischen Inschrift lautet: „In dieser Urne ruhen Kaiser Friedrichs Eingeweide und sein Herz, das 51 Jahre das Römische Reich beherrschte und stets den Frieden liebte. Er lebte 78 Jahre, einen Monat und zwei Tage und schied aus dem Leben im Jahr des Heils 1493, am 24. August.“

› Weitere Informationen zu geschichtlichen Themen aus Linz und Oberösterreich unter: http://www.ooegeschichte.at/themen/wir-oberoesterreicher/wir-oberoesterreicher/einleitung.html

le. Es diente im 16. Jahrhundert als Waaghaus und später als Schule. Ebenfalls auf eine jahrhundertealte Geschichte blickt das benachbarte **Kremsmünsterer Stiftshaus** (Altstadt 10) zurück: Es war bis 1493 im Besitz des deutsch-römischen Kaisers Friedrich III. (s. S. 18) und wurde später an das Stift Kremsmünster 41 verkauft, woraufhin mehrere Um- und Anbauten erfolgten. Das Renaissance-Portal (um 1580) wird vom barocken Stiftswappen (1710) bekrönt.

Über den Alten Markt erreicht man die **Hofgasse** – eine der schönsten Altstadtgassen, die als Fußgängerzone vom Hauptplatz 1 teils recht steil zum Linzer Schloss 8 hinaufführt. Zusammen mit ihren Seitengassen ist sie ein gastronomischer Hotspot und ein **Zentrum des Linzer Nachtlebens** mit etlichen Bars, Cafés und Klubs. Daneben gibt es auch einige nette Geschäfte – unter anderem records & more (s. S. 88), einen der bestsortierten Plattenläden im deutschsprachigen Raum. Über den Hofberg oder die Badgasse gelangt man zum Donauufer.

› Linien 1, 2, 3 „Hauptplatz"

5 Minoritenkirche ★ [C4]

Im Hochmittelalter war das **Minoritenkloster** das erste und gleichzeitig wichtigste Kloster der Stadt (gegründet 1236). Es erstreckte sich über das Areal des heutigen Landhauses 6. Die dortigen Konventgebäude wurden während der Reformation und der sinkenden Zahl an „Minderen Brüdern", wie sich die Minoriten selbst bezeichneten, größtenteils abgebrochen.

Die Kirche übernahmen ab 1602 zwischenzeitlich die Jesuiten, ehe von 1716 bis 1785 wieder franziskanisch-minoritisches Ordensleben in Linz Einzug hielt. In dieser Zeit erhielt die Kirche auch ihr heutiges Antlitz: Ab 1751 machte sich der Linzer Baumeister Johann Mathias Krinner daran, die Kirche in ein österreichisches **Juwel des Rokoko** zu verwandeln. Das Kircheninnere wirkt wie aus einem Guss, freundlich und verspielt, jedoch ohne den bei anderen Rokoko-Kirchen oft überbordenden Pomp.

Blickfang ist der monumentale, in Stuckmarmor gestaltete Hochaltar. Das **Altarbild** stellt die Verkündigung Mariens dar und stammt von dem bekannten Barockmaler Bartolomeo Altomonte. Besondere Aufmerksamkeit verdienen auch die harmonisch in das Gesamtensemble integrierten Seitenaltäre.

› Klosterstraße 7, Linien 1, 2, 3 „Hauptplatz", Tel. 772011364, geöffnet: Nov.–März tägl. 8–11 Uhr, April–Okt. tägl. 8–16 Uhr, Eintritt frei

6 Landhaus ★★★ [B4]

Das Linzer Landhaus war über Jahrhunderte der Stolz des oberösterreichischen Bürgertums und ist ein Paradebauwerk der Renaissance – insbesondere wegen seines Arkadenhofs. Heute ist es Sitz des Oberösterreichischen Landtags, der Landesregierung und des Landeshauptmanns (vergleichbar mit dem Ministerpräsidenten in Deutschland).

Ursprünglich stand auf dem Gelände des Landhauses das Minoritenkloster, von dem noch die benachbarte Kirche 5 erhalten ist. Ab 1563 ließen die Stände – also das durch die Reformation erstarkte Bürger-

[>] *Meisterwerk der Renaissance: der Arkadenhof im Landhaus*

tum – große Teile des Klosters beseitigen, um Raum für ein repräsentatives Amtsgebäude zu schaffen, das in den darauf folgenden Jahren ständig erweitert wurde. Ende des 16. und Anfang des 17. Jahrhunderts ging im Landhaus die Elite aus Wissenschaft, Kultur und Politik ein und aus – unter ihnen **Johannes Kepler**, der in der protestantischen Landschaftsschule lehrte, die im Gebäude ansässig war.

Im Jahre 1800 beschädigte der vom Linzer Schloss 8 ausgehende Großbrand das Landhaus schwer, wobei auch die Bibliothek den Flammen zum Opfer fiel. Ein Wiederaufbau erfolgte im Stil des Klassizismus.

Durch ein **spätbarockes Tor**, welches die Promenade 7 mit der Klostergasse verbindet, betritt man den aus mehreren Innenhöfen bestehenden Gebäudekomplex. Besondere Beachtung verdient das herrliche **nördliche Renaissance-Portal** mit den grimmigen bärtigen Figuren im unteren Bereich sowie zwei nackten Jünglingen zwischen drei österreichischen Wappen, das zur Altstadt führt.

Architektonisches Glanzlicht ist der **Arkadenhof** (1571) mit dem **Planetenbrunnen** (1582) – einer der schönsten, wenn nicht gar der schönste Renaissance-Innenhof Österreichs, dessen architektonische Harmonie bis heute begeistert. Hier finden an lauen Sommerabenden regelmäßig Konzerte statt (Vergünstigungen beim Eintritt mit der Linz Card, s. S. 128). Was von Weitem als Kirchturm anmutet, entpuppt sich als **Landhaus-Turm.** Er wurde 1638 auf die heutige Höhe ausgebaut und ist durch einen Kupferhelm gekrönt. Besonderes Kuriosum: An allen vier Seiten des Turmes sind Sonnenuhren angebracht.

› Landhausplatz 1, Linien 1, 2, 3 „Taubenmarkt"

012lz-se

7 Promenade ★★ [B4]

Wo sich einst die Stadtbefestigung um die historische Altstadt zog, entstand im 19. Jahrhundert zwischen Taubenmarkt und Schlossberg die Promenade. Im Kleinen ist sie ein wenig so etwas wie in Wien die Ringstraße: eine repräsentative, mit Bäumen gesäumte **Flaniermeile**, die im 90-Grad-Winkel den Stadtkern gürtet.

Hier trifft Hochkultur auf hohe Politik: Sowohl das **Landestheater** (s. S. 84) als auch das prächtige **Landhaus** 6, in dem der österreichische Landtag residiert, befinden sich direkt an der Promenade. Ins Landhaus gelangt man über eine Brücke, unter der römische Ausgrabungen freigelegt worden sind.

Nicht weit davon entfernt betrachtet der lebensgroße, in Bronze gegossene Adalbert Stifter von einem gewaltigen Granitfelsen aus das Geschehen. Das **Stifter-Denkmal** stammt aus dem Jahr 1902 (Bildhauer: Johann Rathausky). Der Fels wurde extra aus dem Böhmerwald herbeigeschafft, der Geburtsgegend Stifters. Der berühmte Dichter wirkt so lebensecht, als würde er jeden Moment aufstehen und die Promenade entlang flanieren, wie er es einst getan hatte (s. S. 36).

Was in Wien das Ringstraßencafé, ist an der Promenade das traditionsreiche **Café Traxlmayr** (s. S. 81). „Sehen und gesehen werden" lautet das Motto – egal ob in den eleganten Innenräumen oder auf der großen Sommerterrasse.

Doch auch weitere Bauwerke können sich sehen lassen. Gegenüber dem Café steht etwa der mondäne Bau der oberösterreichischen Sparkassenzentrale.

› Linien 1, 2, 3 „Taubenmarkt"

8 Linzer Schloss und Schlossmuseum ★★★ [B3]

Den kleinen, aber steilen Aufstieg hinauf zum Linzer Schloss sollte man auf keinen Fall versäumen, selbst wenn man auf einen Besuch des Museums verzichtet. Sowohl die Aussicht von der Südterrasse, wo sich ein Stadtmodell befindet, als auch das Flanieren durch den romantischen Schlosspark sind kostenlos und absolut lohnenswert.

Ebenso wie der nahe gelegene Freinberg 28 war auch der **Schlossberg** bereits in der Jungsteinzeit besiedelt – die strategisch günstige Lage über der uralten Handelsstraße Donau prädestinierte ihn dafür. Auch zwischen Bronzezeit und römischem Vordringen kann von einer kontinuierlichen Besiedelung des Hochplateaus ausgegangen werden. Die Römer errichteten auf dem Areal das **Kastell Lentia** als wichtigen Vorposten am Donau-Limes.

799 wird die „**Burg zu Linze**" in einer Schenkungsurkunde aus der Epoche Karls des Großen erstmals erwähnt. 1205 fielen Burg und Markt an den Babenberger Herzog Leopold VI., im späten Mittelalter prägten dann die Habsburger das Geschehen auf dem Schlossberg. An Kaiser Friedrich III., der bis zu seinem Tode 1493 in der Burg residierte (s. S. 18), erinnert bis heute das alte **Friedrichstor** mit der Inschrift „AEIOU" (die Bedeutung ist bis heute nicht endgültig geklärt und geheimnisumwittert), durch welches man das Schlossgelände Richtung Römerstraße und Martinskirche 9 verlassen beziehungsweise betreten kann.

Zwischen 1599 und 1614 entstand unter den beiden habsburgischen Kaisern Rudolf II. und Mathias ein kompletter **Umbau des Schlosses im Stile der Renaissance**, von dem drei Flügel bis heute erhalten sind. Sie zeichnen sich durch ihre unverschnörkelte Schlichtheit aus und machen das Schloss zu einem unverwechselbaren Blickfang an der Donau.

Während des verheerenden Stadtbrands von 1800 wurde der Südflügel zerstört. Erst zwischen 2005 und 2009 errichtete man – rechtzeitig zum Kulturhauptstadtjahr – einen **neuen Südtrakt** in Form einer modernen Stahl-Glas-Konstruktion, die einen auffälligen Kontrast zum restlichen Gebäudekomplex darstellt.

Seit 1963 dient das Linzer Schloss als oberösterreichisches **Universalmuseum** und beherbergt neben Kunst-, Natur- und Techniksammlungen ein Restaurant.

Vom Hauptplatz über die Hofgasse her kommend, betritt man den Schlosskomplex durch das **Rudolfstor.** Auf der kleinen Aussichtsplattform vor dem Tor erinnert eine Säule mit einem Schiff auf der Spitze an die sagenhafte Donaufahrt der Nibelungen (s. S. 38). Im Innenhof des Schlosses passiert man die **Kaisereiche,** welche anlässlich des 60. Regierungsjubiläums von Kaiser Franz-Joseph gepflanzt wurde.

Wenige Schritte sind es bis zum Eingang ins Schlossmuseum und der davor gelegenen **Aussichtsterrasse** mit schönem Blick über die Linzer Altstadt. Hier steht auch ein aus Bronze gegossenes **Stadtmodell** – angeblich das zweitgrößte weltweit.

Unbedingt sollte man auch durch die westlich des Schlosses gelegene **Parkanlage** und entlang der alten Mauern schlendern, wo es auf Schritt und Tritt etwas zu entdecken gibt: von barocken Statuen über faszinierende Ausblicke auf Donau und

MEIN TIPP

Im Schlosscafé über der Donau

Mit dem **Schlosscafé** befindet sich auf der nordwestlichen Schlossterrasse der neben der **Hebersteins Brasserie** zweite Gastronomiebetrieb des Schlossareals. Hier sitzt man besonders im Sommer sehr schön und kann sich mit erfrischenden Getränken und anständiger Küche bestens stärken. Zum Schlosscafé geht es hinter dem Schloss (Schlosspark) rechts ums Eck.

› **das Schloss – Hebersteins Brasserie** €€, Linzer Schloss 8, Tel. 302315, www.schlossbras serie.at. geöffnet: Di.–Sa. 10–24, So. 10–17 Uhr
› **Schlosscafé** €, im Linzer Schloss 8, Tel. 781574, geöffnet: tägl. 10–24 Uhr

Pöstlingberg 26 bis hin zu farbenprächtiger Blütenpracht. Auch ein Kinderspielplatz befindet sich hinter der Schlossmauer. Innenhof, Schlosspark und Außenanlagen können kostenlos besichtigt werden.

› Linien 1, 2, 3 „Hauptplatz"

Schlossmuseum Linz

Ein Hochkaräter in der oberösterreichischen Museenlandschaft: Das Schlossmuseum bildet quasi die Essenz der mannigfaltigen Sammlungen des Oberösterreichischen Landesmuseums und spannt auf über 10.000 Quadratmetern Ausstellungsfläche einen Bogen von der Steinzeit bis in die Gegenwart. Ergänzt werden die Dauerausstellungen durch jährlich wechselnde, aufwendig gestaltete Sonderausstellungen.

Schon architektonisch vermittelt das Museum den Brückenschlag zwischen Altertum und Moderne. Der mittelalterliche Trakt wurde durch den futuristischen Südflügel samt Fo-

yer und Restaurant ergänzt. Seither lässt das Museum jährlich Tausende Besucher in die Geschichte der Region eintauchen.

Tief hinabsteigen ins Untergeschoß muss der Besucher, um die Funde der Frühzeit bestaunen zu können. Doch der Abstieg lohnt sich: Hier werden einzigartige Exponate aus Stein- und Bronzezeit präsentiert. Zu den wertvollsten Stücken gehören die **Venus von Ölkam,** eine neolithische Frauenfigur, und der prächtige, hallstattzeitliche **Goldhalsreifen von Uttendorf.** In römischer Zeit bildete die Donau bei Linz die Grenze des Imperiums und auch aus dieser Epoche gibt es zahlreiche Funde.

Bewunderer mittelalterlicher und barocker Kunst kommen in den Sälen der ersten Ebene voll auf ihre Kosten. Wertvolle **Altäre und Heiligenskulpturen** gilt es zu bewundern. Mehrere Säle widmen sich dem Bereich **Volkskunde.** Hier findet man Kostbarkeiten aus den Bereichen Volksfrömmigkeit und Aberglaube ebenso wie Möbel, Kunsthandwerk und Objekte des täglichen Lebens.

Weitere Säle präsentieren **Gemälde** aus dem 19. Jh., **historische Waffen** und als Fundgrube für Numismatiker eine umfangreiche **Münzsammlung.** Auch eine wertvolle Sammlung historischer **Musikinstrumente** wird gezeigt – inklusive eines Flügels aus dem Besitz Ludwig van Beethovens.

Im Südflügel befindet sich die Sammlung **Technik Oberösterreich,** die in die Welt der Industrie- und Technikgeschichte entführt. Unter anderem ist ein Oldtimer „made in Austria" ausgestellt: der **Steyr Baby Typ 55.**

Für das Schlossmuseum sollte man angesichts der Tatsache, dass neben den Dauerausstellungen mehrere Sonderausstellungen zu unterschiedlichen Themenbereichen bereits den Besuch lohnen, schon einen halben Tag einplanen. Das Restaurant im Südflügel lädt zu einer willkommenen Verschnaufpause ein – mit herrlichem Blick über die Stadt.

› Schlossberg 1, Linien 1, 2, 3 „Hauptplatz", Tel. 7744191, www.schlossmuseum.at, geöffnet: Di.–So. und Feiertag 10–18 Uhr, Eintritt: 6,50 € (4,50 € ermäßigt), 13 € Familie

Stadtmodell des historischen Linz auf der Aussichtsterrasse des Schlosses

Blick ins Innere der uralten Martinskirche

9 Martinskirche ★★ [A4]

Auf den ersten Blick wirkt die Martinskirche unscheinbar wie eine kleine Dorfkirche und doch umweht das Kirchlein etwas Geheimnisvolles – ein Geheimnis aus uralten Zeiten. Ihr hohes Alter erkennt man bereits am äußeren Mauerwerk: den Rundbögen mit dem zugemauerten romanischen Seitenportal.

Lange Zeit galt die Martinskirche als älteste Kirche Österreichs, auf jeden Fall zählt sie aber zu den ältesten und dies ist urkundlich bereits seit 799 belegt. Damals wurde sie als „capella“ erwähnt und stand vermutlich in direkter Verbindung zur benachbarten Burgfestung. Möglicherweise steht die Kirche sogar auf den Fundamenten eines römischen Vorgängerbaus – schließlich erstreckte sich am Donauhochufer das römische Kastell Lentia und etliche römische Funde untermauern diese Hypothese.

Die spätere Form hat die Kirche wohl im 10. oder 11. Jahrhundert im Rahmen einer romanischen Umgestaltung des karolingischen Vorgängerbaus erhalten. Zusätzlich prägen gotische Elemente das heutige Erscheinungsbild.

Leider ist das Gotteshaus in der Regel verschlossen. Man hat aber durch ein Glasfenster zumindest Gelegenheit, einen lohnenden Blick ins Kircheninnere zu werfen. Der gotische Chor stammt aus dem Jahre 1448 und auch die **farbenkräftigen Fresken** entstanden im 15. Jahrhundert. Links des Chors erkennt man ein anmutig gemaltes Madonnenfresko, rechts den Bibelspruch aus der Bergpredigt: „Selig sind die Barmherzigen, denn sie werden Barmherzigkeit erlangen.“ Eine Besonderheit stellt das Fresko links vom Eingang dar: In der Regel wird es als **Volto-Santo-Bildnis** interpretiert, in Anlehnung an ein berühmtes Kruzifix aus Lucca, das Christus mit Bart und einer langen Tunika zeigt. In Mittel- und Westeuropa ist das Bildnis auch mit der Darstellung der Heiligen Kümmernis beziehungsweise Wilgefortis verbunden, einer weiblichen Volksheiligen, die der Legende nach ebenfalls gekreuzigt, mit Bart und langem Gewand dargestellt ist. (Die ausführliche Legende findet man im Internet unter: www.sagen.at/texte/sagen/oesterreich/oberoesterreich/linz/kuemmernisbild.html.)

› Ecke Römerstraße/Martingasse, Linien 1, 2, 3 „Taubenmarkt“, ca. 5 Minuten Fußweg vom Schloss

Mein Tipp

Abstecher zum Freinberg

Von der Martinskirche aus lohnt sich der circa 30-minütige Aufstieg zum **Freinberg** 28 mit der Franz-Josephs-Warte, von der aus man einen herrlichen Blick über die Donaubiegung, zum gegenüberliegenden Pöstlingberg 26, auf die Alpenkette und über ganz Linz genießt. Zudem war der Freinberg das erste keltische Siedlungsgebiet auf Linzer Boden. Man erreicht die Anhöhe samt Parklandschaft über die Römerstraße.

014lz-se

Kaufmeile und Kirchen: rechts und links der Landstraße

In der Linzer Landstraße reiht sich zwischen Volksgarten und Hauptplatz ein Geschäft an das andere, die wichtigsten Modeketten sind vertreten und hier ballen sich die bedeutenden Einkaufszentren der Stadt. Die Landstraße ist Flaniermeile, hier pulsiert das Leben. Außer für die Straßenbahnen ist sie in großen Bereichen für den Autoverkehr gesperrt. Etliche Cafés und Lokale laden zum Verweilen ein.

Direkt an der **Shoppingmeile** sowie rechts und links von ihr finden sich aber auch wichtige **Sehenswürdigkeiten.** Hauptsächlich sind einige der bedeutendsten Linzer Kirchen zu entdecken: von der **Martin-Luther-Kirche** 14 über die barocke **Ursulinenkirche** 11 bis hin zum etwas westlich der Landstraße gelegenen **Mariendom (Neuer Dom)** 13, Österreichs größter Kathedrale.

10 Nordico Stadtmuseum Linz ★ [D4]

Das Linzer Stadtmuseum ist die erste Adresse, um sich einen Überblick zu verschaffen, was Antlitz, Geschichte und Identität der Donaustadt angeht. Der Name Nordico stammt aus der Zeit, als die Jesuiten das 1610 errichtete Vorstadtpalais als Collegium Nordicum für Schüler aus Skandinavien führten.

Die Ausstellung **„100% Linz – Kaleidoskop einer Stadt"** ermöglicht anhand von Exponaten aus den Kategorien Kunst, Archäologie und Volkskunde einen Einblick in die Linzer Seele. Die kleine, aber feine Schau geht dabei nicht stur historisch vor, sondern stellt unterschiedliche Bereiche kontrastreich gegenüber: Historische Sitzmöbel korrespondieren mit Andachtsbildchen vom Pöstlingberg, das Modell des barocken Linz mit Ansichten des Industriestandorts, die Frühzeit mit der Moderne. Mit der Jugendstil-Zeichnung („Ex libris") einer nackten Linzerin vor der Silhouette des Pöstlingbergs aus der Feder des Linzer Bohemiens Hofrat Anton Maximilian Pachinger (1908) weht auch ein Hauch Erotik durch die Ausstellung. Eine weitere Skurrilität sind die Original-Haare des Komponisten Anton Bruckner.

Man sollte sich auch ruhig etwas Zeit nehmen für die historischen Film- und Fernsehaufnahmen mit ihrem nostalgischen Unterhaltungswert. Das erste Stockwerk und das Erdgeschoss stehen für ständig wechselnde **Sonderausstellungen** zur Verfügung.

› Dametzstraße 23, Linien 1, 2, 3 „Mozartkreuzung", www.nordico.at, geöffnet: Di.–So. 10–18 Uhr, Do. bis 20 Uhr, Eintritt: 8 €, erm. 6 €, Familienkarte 14 €

11 Ursulinenkloster und Ursulinenkirche ★★ [C5]

Eins der markantesten Gebäude an der Landstraße ist zweifellos die **Ursulinenkirche** mit ihren beiden Türmen. Als bedeutendes sakrales Werk des **Spätbarocks** wurde sie vom Architekten Johann Haslinger entworfen und zwischen 1736 und 1772 erbaut.

Fast zwei Jahrhunderte standen die Kirche und das angeschlossene Kloster dem Orden der Ursulinen zur

083lz-se

In der Ursulinenkirche genießt man die Ruhe abseits der geschäftigen Hektik der Landstraße

Verfügung, der sich insbesondere im Erziehungs- und Schulwesen engagierte. Selbst die josephinischen Reformen überstand das Kloster ungeschoren, der Mangel an neuen Ordensmitgliedern wurde ihm jedoch in der Nachkriegszeit zum Verhängnis, sodass das Kloster 1968 aufgelassen werden musste. Es wurde vom Land Oberösterreich erworben und dient heute als Kulturzentrum. Die Ursulinenkirche dient dem Akademikerverband „Forum Sankt Severin" als Gemeindekirche.

Auch wenn der Name anderes vermuten lässt, ist die Kirche dem **heiligen Erzengel Michael** geweiht. Er dominiert auch das Hochaltarbild des Künstlers Martino Altomonte (1738–1740). Michael, auf dem gefallenen Engel stehend, wird von den Erzengeln Gabriel und Raphael flankiert, über ihm die Heilige Dreifaltigkeit aus Gott Vater, Sohn und Heiligem Geist als Taube. Das Oberbild des Hochaltars zeigt ein Engelskonzert als **Verherrlichung der Musik.** Die rechte Engelsgestalt spielt dabei Cello. Auch heute noch wird die Ursulinenkirche aufgrund ihrer guten Akustik für hochkarätige Kirchenkonzerte genutzt.

Ein Blickfang ist auch die spätbarocke **Kanzel.** Auf ihrem Dach symbolisieren vier Putten die vier damals bekannten Erdteile. An die Ordensgründerin, die **heilige Ursula,** erinnert eine Altarnische vorne rechts. Der Legende nach machte sie mit ihren Gefährtinnen eine Wallfahrt den Rhein flussaufwärts nach Rom und wurde samt ihren Begleiterinnen in Köln von Hunnen ermordet. Das ausdrucksstarke Altargemälde zeigt die Märtyrerin, das Vorsatzbild die Ordensgründerin der Ursulinen, die heilige Angela Merici, das Oberbild den heiligen Leopold, neben dem heiligen Florian der zweite Landespatron von Oberösterreich. Alle drei Werke stammen von Bartolomeo Altomonte, der sich wie sein Vater Martino Altomonte künstlerisch in dem Gotteshaus verwirklicht hat.

Vom Sohn stammt auch das Altarbild des hübschen **Annenaltars,** der sich gleich links vom Eingang in einer Turmkapelle befindet. Eine für barocke Kirchen typische, allerdings für den heutigen Zeitgeschmack etwas ungewöhnliche Erscheinung ist ein ebenfalls auf der linken Seite gelegener Seitenaltar, der ein geschmücktes Skelett in einem **Glassarg** beherbergt – angeblich jenes des heiligen Placidus.

Neben der Kirche steht auch der angeschlossene **Ursulinenhof** unter Denkmalschutz und wird seit 1977 als **Landeskulturzentrum** genutzt. Heute dient er verschiedenen Kultureinrichtungen als Heimstätte (www.ursulinenhof.at).

› Landstraße 31, Linien 1, 2, 3 „Mozartkreuzung", Kirche geöffnet: tägl. 7.30–18 Uhr

12 Karmelitenkirche ★ [D5]

Die Karmelitenkirche befindet sich in unmittelbarer Nähe zur Ursulinenkirche 11, fällt allerdings im Vergleich zu dieser durch die fehlenden Türme weniger auf und wirkt äußerlich unscheinbarer. Sie entstand in den Jahren 1690 bis 1726 und ist ein bedeutendes Zeugnis des Linzer **Barocks.** Bis heute gehört die Kirche zum angeschlossenen Karmelitenkloster und wird von dessen Ordensmännern betreut.

Äußerlich springen insbesondere die drei Heiligenfiguren ins Auge: rechts und links des Portals jene der heiligen Theresia von Ávila und des heiligen Johannes vom Kreuz, die den Karmelitenorden im 16. Jahrhundert erneuert haben. Oben unterhalb des Giebels steht in einer Nische die des heiligen Josef. Ein Blick ins Kircheninnere lohnt insbesondere aufgrund des **Hochaltarbilds** von Martino Altomonte, das die **Heilige Familie** darstellt. Ebenfalls beachtenswert: die verzierte Kanzel, die kunstvoll geschnitzten Beichtstühle und die Stuckplastiken des Künstlers Diego Carlone.

Unter der Kirche befindet sich eine **Krypta,** welche die Gebeine der Stifter der Karmelitenkirche birgt.

› Landstraße 33, Linien 1, 2, 3 „Mozartkreuzung", www.linz.karmel.at, geöffnet: Mo.–Sa. 7–18.30 Uhr, So. 6.15–18.45 Uhr, zwischen 12 und 15 Uhr ist nur der Eingangsbereich zugänglich

13 Neuer Dom (Mariendom) ★★★ [C5]

Wer denkt, der Wiener Stephansdom wäre Österreichs größtes sakrales Bauwerk, wird in Linz eines besseren belehrt: Der Maria-Empfängnis-Dom ist als Meisterwerk der Neugotik und als eines der letzten monumentalen Kirchenbauprojekte Mitteleuropas die mächtigste Gottesburg der Alpenrepublik.

Bereits 1862 zeigte sich der berühmte oberösterreichische Dichter Adalbert Stifter (s. S. 36) begeistert von den Plänen: „Wenn nach diesen Plänen diese Kirche erbaut wird, so steht ein Kunstdenkmal von großer Bedeutung da, so ist nicht nur die Stadt und das Land, sondern das ganze deutsche Volk und die ganze gebildete Welt um ein hohes Werk reicher."

Trotz seiner Monumentalität lassen viele Touristen den Mariendom im wahrsten Sinne des Wortes links liegen – befindet er sich doch etwas abseits von Landstraße und Altstadt und somit nicht direkt auf der „geschäftigen Ameisenstraße".

Dem Zeitgeist der Spätromantik entsprechend stand der Baustil der mittelalterlichen **Gotik als Vorbild** außer Frage. Die Gotik mit ihren mächtigen Kathedralen galt im 19. Jahrhundert als größte kulturelle Blüte des Abendlands. Was die Pyramiden von Gizeh für Ägypten, waren die gotischen Kathedralen für Mittel- und Westeuropa. Kein Wunder, dass man sich in Linz an die französischen Vorbilder von Reims oder Chartres erinnert fühlt.

Wenngleich schon das Kirchenäußere mit dem 135 Meter hohen Turm beeindruckt, offenbart sich die ganze Gewaltigkeit des Gotteshauses

nach dem Durchschreiten des Hauptportals im Kircheninneren. Während man gemächlich Richtung Altarbereich schreitet, sollte man unbedingt das Augenmerk auf die farbenprächtigen Domfenster richten. Sie zeigen unter anderem die Grundsteinlegung (erstes Fenster rechts), die Weihe der Domglocken (zweites Fenster links) und die erste Bischofsweihe (drittes Fenster links). Besonders interessant ist das Motiv des vierten Fensters auf der rechten Seite: Es zeigt die **Jerusalem-Pilgerfahrt** der Diözese Linz im Jahr 1900. Die Prozession fand direkt vor dem Felsendom auf dem Jerusalemer Tempelberg statt – in der heutigen politisch-religiösen Situation nicht denkbar. Die von den Linzern getragene **Pilgermadonna** (1900) wird auch heute noch beim östlichen Seiteneingang verehrt und strahlt eine besondere Anmut aus.

Die übrigen Kirchenfenster stellen sowohl biblische Ereignisse und Szenen aus dem Leben Jesu wie auch abermals aktuelle Szenerien aus der Erbauungszeit der Kirche dar, so etwa das **Linzer Fenster** (fünftes Fenster links). Während man im oberen Bereich eine Stadtansicht von Linz mit der darüber schwebenden Muttergottes erkennt, ist unten das Gebäude der Allgemeinen Sparkasse zu sehen. Als Stifterin des Fensters wollte auch sie sich verwirklicht sehen – inklusive Sparkassendirektor (rechts). Links unten sind die Komponisten Anton Bruckner und Ludwig van Beethoven abgebildet. Letzterer wirkte nicht nur in Wien, sondern auch einige Jahre in Linz. Wer sich genauer über das Bildprogramm der Kirchenfenster informieren möchte, sollte den detaillierten Kirchenführer erwerben.

Im Zentrum des Chors erhebt sich der kunstvoll verzierte Baldachinaltar mit einem eindrucksvollen, vier Meter hohen vergoldeten Kreuz in der Mitte. Wenn man den Altar umrundet, passiert man sechs sehenswerte Kapellen. In der östlich gelegenen Kapelle „Königin der Patriarchen" befindet sich das **Kenotaph** (Leergrab) für **Bi-**

Barocke Pracht: die Karmelitenkirche an der Landstraße

082lz-se

schof Rudigier, den Auftraggeber des Dombaus. Bei der Grundsteinlegung 1862 sagte der Bischof: „Der Dombau ist ein Denkmal der Liebe zur Mutter Gottes, welche in Oberösterreich so kindlich verehrt wird.“ Diese Verehrung hält bis heute an, ersichtlich ist sie allein schon am flackernden Lichterschein der vielen Opferkerzen vor der Pilgermadonna.

Wie für eine Kathedrale dieses Ausmaßes üblich, besitzt der Mariendom auch eine **Krypta**, in der die Linzer Domkrippe ihren Platz hat – eine der größten Krippen überhaupt.

› Herrenstraße 26, Linien 1, 2, 3 „Mozartkreuzung“, www.mariendom.at, geöffnet: Mo.–Sa. 7.30–19 Uhr, So. und feiertags 8–19 Uhr, Eintritt frei, Führungen: samstags um 15 Uhr einstündige Domführung, So. und feiertags um 15 Uhr Höhengänge-Führung mit Dachboden und Außengalerie, Preis: 6,50 € (Kinder 4 €), Turmbesteigung: Do. um 16 Uhr und Sa., So. und feiertags um 14 Uhr, Preis: 4,50 € (Kinder 3 €), zusätzlich Taschenlampen- und Glasfensterführungen sowie „Dinner for two“ (siehe Website) und Besteigung des höchsten Balkons am Turm, Infos: www.dioezese-

MEIN TIPP

Hochgefühl pur: über die Himmelsstiege zur Kirchturmspitze

Unter den vielen spannenden Domführungen, die im Mariendom 13 stattfinden, gibt es seit Neuestem ein ganz besonderes Highlight: „Über die Himmelsstiege“ nennt sich die geführte Tour, welche über 633 Stufen zum in 112 Meter Höhe gelegenen Steinbalkon führt. Somit kommt man noch deutlich höher als bei der üblichen Turmbesteigung. Eine gewisse Kondition ist dafür schon nötig und Höhenangst sollte man auch nicht haben. Wer die steinerne Wendeltreppe, die luftige Treppe im Glockenturm und schließlich die neue Metallstiege, die sich bis knapp unter die Kirchturmspitze im immer enger werdenden neugotischen Turm hinaufwindet, gemeistert hat, wird vom Balkon aus mit einem atemberaubenden Blick über Linz entlohnt. Man sieht weit hinein in die Alpen und ins Mühlviertel. Fast alle wichtigen Gebäude der Linzer Altstadt liegen einem zu Füßen. Auf dem Weg hinauf gibt es immer wieder kleinere Verschnaufpausen – etwa bei der größten Glocke von Linz, der Immaculata, beim klassischen Aussichtsbalkon sowie bei der Eremitenstube.

› Anderthalbstündige Führungen finden von April bis Oktober in kleinen Gruppen immer freitags um 17.30 Uhr und samstags um 16 Uhr statt (Preis: 15 €). Rechtzeitige Voranmeldung beim Domcenter (s. S. 31) dringend empfohlen.

Neuer „Höhenrausch“: Über 633 Stufen geht es zur Turmspitze des Doms

linz.at/site/mariendom/domcenter/domfuehrungen

ℹ1 [C5] **DomCenter Linz,** Herrenstraße 36, Tel. 0732 946100, www.dioezese-linz.at/domcenter, geöffnet: Di.–Sa. 10–13 Uhr und 14–17 Uhr

14 Martin-Luther-Kirche ★ [D5]

Auch wenn die evangelisch-lutherische Kirche in Linz nicht mit kunsthistorischen Sensationen aufwarten kann und sich mit eher spartanischer Ausstattung präsentiert, lohnt sich ein kleiner Blick ins Innere allemal, auch angesichts der Tatsache, dass Oberösterreich eine stark vom Protestantismus geprägte Region war. Anfang des 16. Jahrhunderts verbreitete sich die Reformation hier in atemberaubender Geschwindigkeit, wurde von breiten Bevölkerungsschichten getragen und machte das Gebiet „ob der Enns zum **erzlutherischen Land**", wie der Chronist Jakob Zettl zu berichten weiß.

Freilich ließ die Antwort der erzkatholischen Habsburger aus Wien nicht lange auf sich warten und Kaiser Ferdinand I. setzte zur Gegenreformation an, konnte sich jedoch nicht konsequent durchsetzen. Sein Nachfolger Maximilian II. stand den „Evangelischen" sogar wohlwollend gegenüber und so konnten sich die evangelischen Kirchen samt Bildungseinrichtungen relativ unbehelligt entwickeln. Mit Kaiser Ferdinand II. kam es dann allerdings zur **Gegenreformation**, Vertreibung und Bekämpfung des Protestantismus – circa 100.000 Oberösterreicher verließen das Land, der Rest konvertierte zum Katholizismus. Erst mit dem Toleranzpatent Josephs II. wurde der evangelische Glaube wieder geduldet.

Es dauerte aber noch bis 1844, bis das Linzer Bethaus eingeweiht werden konnte, aus dem sich schließlich der spätklassizistische Bau mit neugotischem Turm entwickelte. Sehenswert sind unter anderem die **Glastafeln des Windfangs**, der auf die hebräischen, griechischen und lateinischen Wurzeln des evangelischen Glaubens und des abendländischen Denkens Bezug nimmt. 2006 erhielt die Martin-Luther-Kirche eine neue Orgel aus der Werkstatt des australischen Orgelbauers Rowan West.

› Martin-Luther-Platz 1, Linien 1, 2, 3 „Mozartkreuzung", www.linz-evang.at

018lz-se

Die evangelische Martin-Luther-Kirche an der Landstraße

Religiöser Widerstand gegen das NS-Regime: der Selige Franz Jägerstätter

Franz Jägerstätter wurde am 20. Mai 1907 im oberösterreichischen St. Radegund geboren und am 21. Mai, seinem Gedenktag, getauft. Er war ein einfacher Bauer, Familienvater und gläubiger Christ. Schon beim Anschluss Österreichs an das Deutsche Reich 1938 stimmte er bei der nachträglichen Abstimmung als einziger im Ort mit Nein. Nach seiner Einberufung 1943 verweigerte er den Kriegsdienst aus Gewissensgründen und aufgrund seiner religiösen Überzeugungen, blieb in den folgenden Monaten standhaft, wurde am 6. Juli vom Reichskriegsgericht in Berlin wegen Wehrkraftzersetzung zum Tode verurteilt und am 9. August 1943 im Zuchthaus Brandenburg an der Havel mit dem Fallbeil hingerichtet.

Unter dem Pontifikat Papst Benedikts XVI. wurde Franz Jägerstätter 2007 im Linzer Mariendom als Märtyrer seliggesprochen. Ein überlieferter Ausspruch von ihm lautete: „Besser die Hände gefesselt als der Wille!".

Im Mariendom ⓭ befindet sich eine Reliquienstele, die eine handschriftliche Aufzeichnung Jägerstätters enthält. Darin beschreibt er einen Traum aus dem Jahre 1938, in dem Menschenmassen mit einem Zug ins Fegefeuer fahren. Den Traum interpretierte er als Warnung vor dem Nationalsozialismus und forderte dazu auf, aus dem Zug zu springen, ehe er die Endstation erreicht – „wenn es dabei auch das Leben kostet!"

› **Weitere Informationen:** www.dioezese-linz.at/site/jaegerstaetter/biografie/franz

⓯ Volksgarten ★ [D7]

Der Volksgarten zählt zwar nicht zu den schönsten Parkanlagen Europas, dennoch lohnt sich ein Abstecher. Hier erkennt man sofort, dass Linz längst eine **multikulturelle Stadt** geworden ist. Menschen, die ursprünglich aus aller Herren Länder stammen, tummeln sich hier, Großfamilien lassen ihre Kinder auf dem Spielplatz toben, Pensionäre tauschen Neuigkeiten aus. Man erkennt allerdings auch schnell, dass Linz keine schillernde Vorzeigestadt ist: Die Armut ist hier ebenso wie auch auf der Landstraße präsent. Wie jede Stadt Mitteleuropas hat auch Linz mit sozialen Problemen zu kämpfen. Und doch versprüht der Park in erster Linie Lebendigkeit, Heiterkeit und ein buntes Miteinander. Hübsch anzusehen ist der von einer nackten Schönheit gezierte **Brunnen** mit dem bezeichnenden Namen **„Freude am Schönen"**. Der Künstler Anton Hanak schuf ihn 1908. Die Aktfigur wurde aus Untersberger Marmor gestaltet, am inneren Beckenrand dienen sechs Tiere als Wasserspeier. Auch an den etwas in Vergessenheit geratenen österreichischen **Heimatdichter Franz Stelzhamer**, der den Text der oberösterreichischen Landeshymne „Hoamatgsang" („Heimatgesang") gedichtet hat, erinnert ein Denkmal. Im Advent verwandelt sich der Volksgarten in einen der Linzer Adventsmärkte (s. S. 94).

› Linien 1, 2, 3 „Goethekreuzung"

16 Musiktheater Linz ★★ [D8]

Das Linzer Musiktheater gehört zu den modernsten Opernhäusern Mitteleuropas. Das vom Londoner Architekten Terry Pawson geplante Haus entstand zwischen 2008 und 2013 und wertet das ansonsten architektonisch kühle Bahnhofsviertel deutlich auf.

Bis zur Realisierung des Baus des zum Landestheater Linz gehörigen Musiktheaters war es ein langer und steiniger Weg und teilweise ein ziemliches Theater. Mehrere Standorte standen zur Diskussion: zunächst das Gelände beim heutigen Ars Electronica Center 19, dann eine unterirdische Konstruktion am Römerberg nahe dem Linzer Schloss 8, die aufgrund einer Volksbefragung nicht zustande kam. Schließlich einigte man sich auf den Standort am Volksgarten, womit das Musiktheater im Süden das erste bedeutende Gebäude der Landstraße darstellt.

Maßgebliche Unterstützung erfuhr das ambitionierte Vorhaben vom 6000 Mitglieder zählenden „Verein der Freunde des Linzer Musiktheaters", der trotz Rückschlägen an seinen Zielen festgehalten und sich mittlerweile der Förderung verschrieben hat.

Entstanden ist ein Opernhaus, das selbst größere Millionenstädte gern ihr Eigen nennen würden: mit großem **Vorplatz zum Volksgarten** hin, **klar strukturierten Fassadenlinien** und einem **luftigen Eingangsfoyer** inklusive Restaurant. Das Haus verfügt über drei Bühnen: Die **Studiobühne Blackbox** mit Platz für 300 Gäste dient unter anderem als Aufführungsstätte für experimentelle Kunst. Der **Orchesterprobensaal** ist auch für Kammerkonzerte ausgelegt und bietet Platz für 200 Besucher. Herzstück des Theaters ist das **Auditorium (Großer Saal)** mit seiner **großartigen Akustik**. Er

⌃ *Nackte Schönheit: Brunnenfigur „Freude am Schönen" im Volksgarten* bietet Platz für 970 Zuschauer, kann jedoch auf bis zu **1200 Sitzplätze** erweitert werden. Bei den Sesseln, deren Polsterung mit Angoraziegenhaar bespannt ist, hat man sich ebenso wenig lumpen lassen wie bei Bühne und Orchestergraben. Alle Plätze sind zudem mit patentierten Touchscreen-Bildschirmen ausgestattet, welche die Untertitel der jeweiligen Aufführung in verschiedenen Sprachen anzeigen. Der Spielplan umfasst eine breite Palette von Klassikern wie Verdi- und Wagner-Opern über Operetten und Musicals bis hin zu Schauspiel und Ballett. Auch Uraufführungen stehen auf dem Spielplan. Eröffnet wurde das Haus mit der Uraufführung der Oper „Spuren der Verirrten" von Philip Glass nach dem gleichnamigen Schauspiel von Peter Handke.

› Am Volksgarten 1, Linien 1, 2, 3 „Goethekreuzung", Tel. 0800 218000, www.landestheater-linz.at/musiktheater. Regelmäßig werden Führungen durch das Haus und hinter die Kulissen angeboten.

Kultur am Strom: Top-Museen an der Donau

Bildete einstmals die Donau den Abschluss von Linz nach Norden – das gegenüberliegende Urfahr war bis 1919 eine eigene Stadt – und war der Strom ohne größere architektonische Impulse an seinen Ufern lange Zeit stiefmütterlich in sein Flussbett verbannt, so hat man ihn mittlerweile wieder zum Hauptakteur gemacht.

Die Menschen tummeln sich im Sommer am **Donaupark** (21). Zwei korrespondierende Gebäude sind die Hingucker am Donauufer und prägen das moderne Stadtbild von Linz: das **Ars Electronica Center** (19) am nördlichen Urfahraner Ufer und das **Lentos Kunstmuseum** (20) – architektonisch wohl das bedeutendste Aushängeschild des modernen Linz. Doch noch weitere Einrichtungen lassen Kulturliebhaber an die Donau pilgern: sei es das **StifterHaus** (17) mit dem oberösterreichischen **Literatur-**

020lz-se

museum oder das **Brucknerhaus** im Donaupark.

Nicht direkt an der Donau, aber auch nicht weit von ihr entfernt, befindet sich die oberösterreichische **Landesgalerie** 23 – ebenfalls ein Magnet für Liebhaber moderner zeitgenössischer Kunst und Heimstätte der Werke des Expressionisten Alfred Kubin. Im denkmalgeschützten Gebäudekomplex der ehemaligen **Tabakfabrik** 22 entstand ein Hotspot der Linzer Kultur- und Kreativszene. Ein spannendes Projekt an der Donau ist der **Mural Harbor** 32 mit seinen großformatigen Graffiti internationaler Künstler.

17 StifterHaus – Oberösterreichisches Literaturmuseum ★ [C3]

Auch wenn der offizielle Name StifterHaus nicht der deutschen Rechtschreibung entspricht, dient das Haus seit seiner Eröffnung 1993 als Zentrum für Literatur und Sprache in Oberösterreich.

Das 1844 erbaute Haus am Donauufer diente dem Universalgelehrten und Schriftsteller **Adalbert Stifter** und seiner Frau Amalia zwischen 1848 und seinem Tod im Jahr 1868 als Wohnstätte. Im ehemaligen Arbeitszimmer ist ein **Gedenkraum** eingerichtet, der neben originalen Möbeln, Texten, Zeichnungen und Porträts des Meisters auch dessen Totenmaske beherbergt. Daneben dient das StifterHaus als **Oberösterreichisches Literaturmuseum** und auch das **Adalbert-Stifter-Institut** ist hier untergebracht.

◁ Kulturelles Glanzlicht: das Musiktheater 16 – im Vordergrund ein Schlangenkunstwerk

Neben dem Gedenkraum ermöglichen die weiteren Räumlichkeiten des Literaturmuseums im 1. Stock einen Streifzug durch die oberösterreichische Literaturgeschichte: In der ehemaligen Küche des Ehepaars Stifter sind Handschriften aus dem Mittelalter und Texte aus der Renaissance ausgestellt. Das Speisezimmer widmet sich Kriegen, Konflikten und Disputen, die auch in der Literatur ihren Niederschlag gefunden haben.

Das Schlafzimmer ist der umfangreichen Literatur des 19. Jahrhunderts gewidmet, zu der auch Stifter selbst maßgeblich beigetragen hat. Der Salon beschäftigt sich mit jener des 20. Jahrhunderts – ein Exponat ist z. B. die Reiseschreibmaschine von Thomas Bernhard, dem Enfant terrible der österreichischen Nachkriegsliteratur.

Im Erdgeschoss finden regelmäßig wechselnde Sonderausstellungen statt.

› Adalbert-Stifter-Platz 1, Linien 1, 2, 3 „Hauptplatz", Literaturmuseum und Stifter-Gedenkraum, https://stifterhaus.at, geöffnet: Di.–So. 10–15 Uhr, Eintritt frei

18 Nibelungenbrücke ★ [B2]

Die Bedeutung der Stadt Linz ist eng mit der Donau und dem dortigen Flussübergang verbunden. Heute verbindet die Brücke „lediglich" zwei unterschiedliche Stadtteile, einstmals verlief hier die Grenze zwischen dem Römischen Reich und den germanischen Gefilden. In der Nachkriegszeit verband die Brücke den amerikanischen (Linzer Altstadt) und den russischen Sektor (Urfahr).

Von der Mitte der Brücke, unter der lebhafter Schiffsverkehr herrscht, genießt man einen hervorragenden Blick auf das **Linz-Panorama:** am Urfahraner Ufer das **Ars Electronica Center** 19 und gegenüber das **Lentos Kunstmuseum** 20, im Norden der **Pöstlingberg** 26 und auf der Altstadtseite das **Linzer Schloss** 8.

Benannt ist die Brücke nach den sagenhaften **Nibelungen.** Durch Wagners „Der Ring des Nibelungen" werden sie meist mit dem Rhein in Verbindung gebracht, ihr Fluss-Wirkungsgebiet war allerdings insbesondere auch die Donau.

Bereits seit dem Jahr 1500 existiert etwa an derselben Stelle eine Brücke. Die heutige, 250 Meter

Adalbert Stifter: Ruhe und Schönheit in Zeilen gegossen

Der 1805 im böhmischen Oberplan geborene Adalbert Stifter gilt als der bedeutendste deutschsprachige Schriftsteller des Biedermeier und zieht mit seinen Texten auch heute noch Menschen in seinen Bann. Die letzten Jahrzehnte verbrachte der Künstler in Linz, wo sein Andenken hochgehalten wird.

Bereits in jungen Jahren verschlug es Stifter nach Oberösterreich – jene österreichische Gegend, die ihn neben Wien am meisten prägen sollte: Im benediktinischen Stiftsgymnasium von Kremsmünster wurde dem Jüngling eine umfassende humanistische Bildung zuteil – eine Zeit, die er später als die glücklichste seines Lebens bezeichnen sollte. Danach wurde es unruhiger im Leben Stifters: Das Rechtsstudium in Wien brach er ab, war künstlerisch hin und her gerissen zwischen Malerei und Dichtkunst – nicht unbedeutende Gemälde entstanden in dieser Zeit. Noch unruhiger verlief das Liebesleben des jungen Mannes: Die unglückliche Liebe zur Kaufmannstochter Fanny Greipl versuchte er mehr oder weniger erfolgreich durch die Beziehung mit Amalia Mohaupt zu kompensieren. Letztlich entwickelte sich aus dieser Beziehung eine langjährige und laut Stifter gute Ehe.

Bevor er von seiner Literatur leben konnte, finanzierte Adalbert Stifter sein Dasein mit unterschiedlichen Tätigkeiten: Als Pädagoge brachte er es immerhin bis zum Hauslehrer des Sohns des berühmten Grafen Metternich. Ab den 1840er-Jahren entstanden etliche literarische Werke, unter anderem 1842 die im bayerischen Wald angesiedelte romantische Erzählung „Der Hochwald" sowie die Novelle „Abdias", die das traurige Schicksal eines afrikanischen Juden thematisiert und als Stifters literarischer Durchbruch gilt.

Die revolutionären Unruhen 1848 in Wien verschlugen den liberal eingestellten Dichter donauaufwärts nach Linz, wo er den Rest seines Lebens verbringen sollte. Hier entstanden große Werke wie der historische Roman „Witiko" und „Der Nachsommer", der vielen Stifter-Liebhabern als sein Meisterwerk gilt. Friedrich Nietzsche bezeichnete den „Nachsommer" als letzten großen Bildungsroman in der Nachfolge Goethes, der es verdiene „wieder und wieder gelesen zu werden". Freilich transportiert der Roman aus Sicht heutiger Leser auf den ersten Blick ein altmodisch-biederes Sittenbild, gleichzeitig bezaubert der dreibändige Wälzer bis heute durch seine herzerwärmenden Beschreibungen des Schönen, Wahren und letztlich Zeitlange Konstruktion entstand zwischen 1838 und 1940 und steht architektonisch in direkter Verbindung zu den beiden Brückenkopfgebäuden, welche die Donau vom Hauptplatz ① trennen. In einem der Gebäude befand sich früher das Finanzamt, heute werden beide Gebäudeteile von der Linzer Kunstuniversität genutzt.

losen. Generell entdeckt man in Stifters Werk stets ein von tiefer Spiritualität geprägtes ganzheitliches Bild, in dem christlich-abendländische Ethik, Philosophie, Kunst und Naturwissenschaft in harmonischem Einklang zueinander stehen. Gerade in unruhigen Zeiten wie den heutigen scheint es eine Rückbesinnung auf die leisen Töne Stifters zu geben – auch über 150 Jahre nach seinem Tod ist er noch aktuell, auch in Linz: „Stifter zu lesen entschleunigt, beruhigt – sozusagen ein literarischer ‚Ruhestifter'. Stifters Botschaft lautet, dass wir sensibel bleiben sollen für schleichende Prozesse – ob im persönlichen Umfeld oder in den großen Zusammenhängen unserer Welt", sagt der Linzer Tourismus-Direktor Georg Steiner.

In Linz kann man sich auf die Spuren des großen Dichters begeben: Egal, ob an der Promenade ⑦ mit der überlebensgroßen Stifter-Statue oder auf dem Barbara-Friedhof (Friedhofstraße 1, www.barbarafriedhof.at), wo der Wahl-Linzer nach langjähriger schwerer, auch seinem ungesunden Lebenswandel geschuldeten Krankheit seine letzte Ruhe gefunden hat. Wichtigster Erinnerungsort ist das StifterHaus ⑰, das der Schriftsteller von 1848 bis zu seinem Tode 1868 bewohnte.

› **Infos:** https://stifterhaus.at

021lz-se

Die Nibelungenbrücke ⑱ verbindet die Altstadt mit dem Stadtteil Urfahr

⑲ Ars Electronica Center – Museum der Zukunft ★★ [B2]

Diese österreichweit einzigartige Institution entführt in die Welt der digitalen Revolution und versteht sich als **Schnittstelle zwischen Kunst, Technologie und Gesellschaft.** Für Computer- und Technikfreaks ist der Besuch auf jeden Fall ein Muss! Doch Vorsicht: Ein klassisches Museum, das man im Rahmen einer üblichen Besichtigungsrunde ausreichend erfassen kann, ist das an der Donau gelegene AEC nicht. Man sollte schon etwas Zeit mitbringen – idealerweise einen halben Tag – um sich in die unterschiedlichen Themengebiete ein-

Nicht nur am Rhein, auch an der Donau: die Nibelungensage

Von der Nibelungensage – jener uralten germanischen Heldensage, deren bekannteste Überlieferung im mittelalterlichen Nibelungenlied ihren Niederschlag gefunden hat – hat fast jeder schon einmal gehört. Auch Richard Wagners „Der Ring des Nibelungen" ist als Opernzyklus wohl allgemein bekannt. Fragt man jedoch nach dem Inhalt der Sage, wird die Wissenslage schon verschwommener.

Von Siegfried, Hagen und Kriemhild hat man schon gehört – eventuell auch von jenem mysteriösen Zwergenvolk, das der Sage seinen Namen verlieh – und verbindet die Handlung – dank Rheingold – mit dem Rhein. Mit der Donau bringt man die Nibelungensage in Deutschland oft weniger in Verbindung. Derweil entstand das deutsche Heldenepos vermutlich sogar nicht weit von Linz entfernt. Die genaue Ortskenntnis des Verfassers, die in der frühen Überlieferung augenfällige Häufigkeit von Plätzen im südostdeutsch-österreichischen Donauraum und die deutliche Hervorhebung des Bischofs von Passau machen das Gebiet zwischen Passau und Wien als Entstehungsort wahrscheinlich, insbesondere den Hof des Bischofs von Passau, Wolfger von Erla (1191–1204), selbst.

Natürlich haben Kriemhild und ihr großes Gefolge auf ihrem Weg zum Hunnenkönig Etzel auch Linz passiert. Vor dem Rudolfstor am Linzer Schloss 8 (Zugang über die Hofgasse) erinnert ein Denkmal an die Szenerie: Auf einer Säule erhebt sich das Nibelungenschiff mit Blick auf Nibelungenbrücke und Donau und symbolisiert die engen Verflechtungen Oberösterreichs mit dem Epos und der Donaulandschaft. Es stammt vom Bildhauer Peter Dimmel und entstand im Jahr 1957. Ein Granitrelief mit der Darstellung von „Kriemhild und Gunter" (1960) des Künstlers Adolf Kloska an der Linzer Schlossmauer beim Treppenabgang Richtung Römerstraße erinnert ebenfalls an den Sagenstoff.

zuarbeiten. Sehr viel kann nach dem Motto „learning by doing" selbst ausprobiert und erforscht werden.

Oftmals finden sich Kinder und Jugendliche als sogenannte „digital natives" beim Hantieren mit den experimentellen Anwendungen besser zurecht als die ältere Generation. Das Museum steht dem digitalen Zeitalter und seinen mannigfaltigen Blüten nicht unkritisch gegenüber: Aufklärungsarbeit im Bereich Datenschutz und die Gefahren von Überwachung und Manipulation werden ebenso thematisiert wie nützliche Innovationen.

Das 1995 errichtete Ars Electronica Center hat maßgeblichen Anteil daran, dass Linz zur **UNESCO City of Media Arts** ernannt worden ist – eine Ehre, die sich die Stadt mit Metropolen wie Lyon, Sapporo und Tel Aviv teilt (s. S. 105). Höhepunkt ist das jährliche **Ars Electronica Festival** im September. „Gerade weil Linz so früh wie keine andere Stadt auf die Verbindung von Technologie, Kunst und

Das nächtlich illuminierte Ars Electronica Center 19

022lz-se

Partizipation durch die Bevölkerung gesetzt hat, waren die vielen Kreativen, Technologieforscher und Gäste hier in Linz nie nur Kommentatoren des Zeitgeschehens, sondern immer auch Vorreiter und relevante Mitgestalter einer technologischen Revolution, die mit Internet, Social Media und anderen digitalen Tools nun längst in unserem Alltag angekommen ist", sagt Christoph Lindinger, Co-Direktor des **Ars Electronica Futurelab**, einem der renommiertesten Medienlabore der Welt, das ebenfalls zum AEC gehört.

Publikumsmagnet des Zukunftsmuseums ist der **Deep Space**. Die Bildwelten werden in **8K-Auflösung** projiziert. Der mit 3D-Brille ausgestattete Besucher wird dabei unter anderem nach Rio und in den Untergrund des antiken Rom entführt. Nach Verlassen des Kinos kann einem schon ein wenig schwindlig sein.

Nachts ist das AEC ebenso wie das gegenüberliegende Lentos Kunstmuseum 20 illuminiert (einen schönen Blick hat man von der Nibelungenbrücke 18 aus).

› Ars-Electronica-Straße 1, Linien 1, 2, 3 „Rudolfstraße", Tel. 72720, www.aec.at, geöffnet: Di.–So. 10–17 Uhr, Eintritt: 11,50 € (9 € ermäßigt, verschiedene Familienangebote), Highlights-Führungen: Di.–So. 11 und 15 Uhr, (plus 4 €), Family-Tour: Dauer eine Stunde, regelmäßige Termine um 11.30 Uhr und 14.30 Uhr (siehe Website), Anmeldung empfohlen, plus 4 € ab 15 Jahren

20 Lentos Kunstmuseum ★★★ [C2]

Andere Städte vergleichbarer Größe beneiden Linz um dieses museale Avantgarde-Juwel: Das futuristisch-elegante Antlitz des Lentos am Donauufer beeindruckt schon von außen. Im Inneren birgt es moderne Kunst von Weltrang und sorgt regelmäßig mit hochkarätigen Sonderausstellungen für Aufsehen.

Das transparente Glasgebäude ist von der Nibelungenbrücke 18 aus nicht zu übersehen: ein 130 Meter langer, nicht allzu hoher Bau mit insgesamt 8000 Quadratmetern Nutzfläche, bei dem vor allem das große

Loch – das sogenannte **Donaufenster** – ins Auge sticht. Es verleiht dem Gebäude des Schweizer Architektenteams Weber & Hofer eine brückenartige Leichtigkeit und schnörkellose Eleganz. Nachts ist die Glasfassade illuminiert und erstrahlt in einem magischen Blauton.

Seit seiner Eröffnung im Jahr 2003 hat die Nachfolgeeinrichtung der „Neuen Galerie der Stadt Linz" weit über die Grenzen Österreichs hinaus den Ruf eines der bedeutendsten Museen moderner und zeitgenössischer Kunst entwickelt. Die Dauerausstellung umfasst eine kontrastreiche Mischung aus Gemälden, Grafiken, Installationen und multimedialer Kunst vom 19. bis ins 21. Jahrhundert.

Zur **Sammlung** gehören Werke von Gustav Klimt, Egon Schiele und Oskar Kokoschka ebenso wie international beachtete österreichische Aktionskunst von VALIE EXPORT und Exponate aus Pop Art und Street Art.

Klingende Namen sind unter anderem Keith Haring, Gottfried Helnwein und Andy Warhol. Von Letzterem sind extravagante Siebdruckporträts von Mao und Marilyn Monroe zu bewundern.

Regelmäßig finden auch **Sonderausstellungen** statt – von Oktober 2022 bis Januar 2023 beispielsweise eine Retrospektive über den für Linz bedeutenden Künstler Karl Hauk (1898–1974). Der Lentos Shop und das Lentos Restaurant (www.lentos-gastro.net) runden das Kunsterlebnis an der Donau ab. Mit dem Ankauf des **VALIE EXPORT Archivs** erfuhr das Lentos die größte Erweiterung des Sammlungsbestands seit Ankauf der „Sammlung Gurlitt" in den 1950er-Jahren. Liebhaber der Medienkunst von Linz' berühmtester moderner Künstlerin werden deshalb auch in Zukunft auf ihre Kosten kommen (s. S. 106).

› Ernst-Koref-Promenade 1, Linien 1, 2, 3 „Hauptplatz", www.lentos.at, geöffnet: Di.–So. 10–18 Uhr, Do. bis 20 Uhr, Eintritt: 10 € ermäßigt, Schüler und Studenten 5 €

21 Donaupark und Brucknerhaus ★ [D2]

Der Donaupark beziehungsweise die Donaulände, wie der Park auch genannt wird, hinter dem **Lentos Kunstmuseum** 20 hat sich längst zu einem **beliebten Treffpunkt** der Linzer und zu einem Ruhepol für Stadttouristen entwickelt. Hier verbringt man seine Mittagspause, trifft sich im Sommer nach Feierabend auf ein Bier oder sitzt einfach nur auf der Wiese zwischen den vielen Metallkunstwerken, lässt die Seele baumeln und beobachtet die Schiffe, wie sie zwischen Pöstlingberg und Linzer Altstadt vorüberziehen.

Die auffälligen **Metallskulpturen** haben ihren Ursprung im Jahr 1977: Das **forum metall** präsentierte damals im Donaupark zeitgleich zur Eröffnung des vierten Brucknerfests (s. S. 94) großformatige Metallplastiken zeitgenössischer und international renommierter Künstler. Aus dem Gründungsjahr stammt beispielsweise die silbern im Sonnenlicht glänzende Skulptur „Strömung" von Erwin Reiter. Im Laufe der Jahrzehnte kamen neue Metallobjekte dazu, andere verschwanden wieder, wodurch die Donaulände ebenso wie die gan-

Kontraste zwischen Kreativität und Verfall: eine Hafenrundfahrt bietet spannende Blickwinkel

MEIN TIPP

Hafenrundfahrt

Wer Linz und seine Beziehung zur Donau richtig verstehen möchte, sollte unbedingt den festen Boden unter den Füßen verlassen und sich aufs Schiff begeben: Zwischen Anfang Mai und Anfang Oktober führt die Schifffahrtsgesellschaft Wurm + Noé dreimal täglich (außer Montag) etwa 100-minütige **Hafenrundfahrten** durch.

Die Schifffahrt ist durch die abgespielte Audio-Routenbeschreibung nicht nur informativ, sondern bietet auch echte Entspannung – sie wirkt neudeutsch gesprochen entschleunigend.

Start ist an der „Wurm + Noé"-Liegestelle in der Nähe des Lentos Kunstmuseums 20. Vorbei am Brucknerhaus mit schönem Panoramablick auf Stadtpfarrkirche, Lentos, Linzer Schloss, Nibelungenbrücke, Ars Electronica Center und Pöstlingberg geht es dann donauabwärts Richtung Hafengegend. Bevor das Schiff das Hafenareal erreicht, gleitet es etwa 15 Minuten entlang des Auwalds im Bereich der Enns-Mündung – eines unberührten grünen Gürtels ganz nahe der Schwerindustrie. Am gegenüberliegenden Ufer ziehen die idyllischen Anhöhen des Mühlviertels am Auge des Betrachters vorbei.

Schließlich passiert man die auf der rechten Uferseite liegenden Hafenanlagen: den Winter-, Handels-, Tank- und VOEST-Hafen sowie die Förderanlagen und rauchenden Schornsteine des Industriegebiets aus voestalpine und Chemiepark Linz. Nachdem das Schiff gewendet hat, fährt es langsam in den Hafen der ÖSWAG-Werft ein, der einzigen noch in Betrieb befindlichen Schiffswerft Österreichs. Neben an Dock liegenden Booten und Kränen hat sich hier an den Wänden der Hafengebäude eine riesige **Outdoor-Galerie aus Graffiti-Kunstwerken** entwickelt, die laut eigener Aussage die größte Streetart-Galerie Europas ist. **Mural Harbor** 32 nennt sich das Projekt. Benannt ist es nach den sogenannten Murals, großformatigen Fassadengemälden, wie man sie beispielsweise seit Jahrzehnten in Nordirland findet.

Bereits 20 großflächige Bilder existieren an den alten Industriegebäuden. Die Künstler kommen dafür aus aller Welt an die Donau.

Nach diesem Abstecher nimmt das Schiff wieder Kurs Richtung Zentrum, wo die Hafenrundfahrt am Lentos Kunstmuseum zu Ende geht. Für Speis und Trank ist während der 100 Minuten gesorgt.

●2 [C3] **Donauschifffahrt Wurm + Noé,** Untere Donaulände 1, Tel. 783607, www.donauschifffahrt.eu, Abfahrt: von Ende April bis Anfang Okt. Mi.–So. um 11, 13 und 15 Uhr, Preis: 17 €, Kinder 8,50 €, Kombiticket mit dem Linzer City Express (s. S. 122) 23 €, jeden Fr. um 15 Uhr fahren Kinder gratis

023lz-se

ze Stadt einem ständigen Veränderungsprozess ausgesetzt ist.

Vom Lentos Kunstmuseum ist es flussabwärts nicht weit bis zum zweiten prägenden Gebäude des Grünstreifens: dem **Brucknerhaus.** Es entstand 1974 nach Plänen der finnischen Architekten Kaija und Heikki Sirén und wurde am 23. März desselben Jahres von keinem Geringeren als Herbert von Karajan und den Wiener Philharmonikern feierlich seiner Bestimmung übergeben. Seither erfreuten sich Klassikliebhaber aus aller Welt an der viel gelobten Akustik des Hauses.

Noch mehr Menschen als das Brucknerhaus zieht seit 1979 jährlich im September bei freiem Eintritt die **Linzer Klangwolke** (s. S. 94) ans Donauufer. Genauer gesagt sind es drei Klangwolken an drei Tagen: die **visualisierte Klangwolke**, die **klassische Klangwolke** und die **Kinderklangwolke.** Bei der visualisierten Klangwolke, dem Publikumsmagneten mit etwa 100.000 Zuschauern jährlich, werden zwischen Nibelungen- und Eisenbahnbrücke Lautsprecher mit einer Gesamtleistung von 250.000 Watt auf Kränen montiert und verwandeln das Donauufer – unterstützt von Feuerwerken, Lasershows, Videoprojektionen und Schiffseinlagen – in einen Rausch aus Klang und Farbe.

Hinter dem Brucknerhaus steht das hohe Hotel ARCOTEL Nike (s. S. 127) und hinter diesem – nicht mehr weit entfernt von der Tabakfabrik 22 – befindet sich das **Parkbad** (s. S. 121) mit seiner eindrucksvollen Fassade aus den frühen 1930er-Jahren.

Eine flussabwärts gelegene **Eisenbahnbrücke** aus dem Jahr 1900 mit markanter Stahlkonstruktion wurde 2016 abgerissen und durch eine moderne Stahlkonstruktion mit geschwungenen Bögen ersetzt. Die Eröffnung fand im August 2021 für den Auto- und Straßenbahnverkehr sowie für Fußgänger und Radfahrer statt. Besonders nachts ist die beleuchtete Brücke ein neuer Hingucker und Fotomotiv.

› **Brucknerhaus,** Untere Donaulände 7, Linien 1, 2, 3 „Hauptplatz", Tel. 76120, www.brucknerhaus.at

22 Tabakfabrik ★★ [F1]

Mit seiner Tabakfabrik besitzt Linz ein Industrieobjekt der Extraklasse: Als erster Stahlskelettbau Österreichs im Stil der Neuen Sachlichkeit steht sie unter Denkmalschutz. Glimmstängel werden hier aber schon seit Jahren nicht mehr produziert: Das über 38.000 Quadratmeter große Firmengelände wurde zum Kreativ-Areal umgestaltet.

Bereits seit Mitte des 19. Jahrhunderts wurden Teile der ehemaligen Wollzeugfabrik zur Herstellung von Tabakprodukten genutzt und die Fabrik war einer der wichtigsten Arbeitgeber der Stadt. Während des Ersten Weltkriegs produzierte man über eine Milliarde Zigaretten pro Jahr. Arbeitgeber war die **Österreichische Tabakregie**, der Vorgänger der Austria Tabak, welche bis zum EU-Beitritt Österreichs 1996 das Monopol auf Anbau, Verarbeitung, Import und Vertrieb von Tabakprodukten innehatte.

1928 entschloss man sich zu einem kompletten Neubau. Errichtet wurde die Tabakfabrik von 1929 bis 1935 von den **Architekten Alexander Popp und Peter Behrens** – führenden Vertretern des modernen Industriedesigns zu jener Zeit. Prägendes Stilelement war dabei die Verwendung der kupferhaltigen Messinglegierung Tombak, die für den typischen Türkis-

Ein Kreativ-Areal: die Linzer Tabakfabrik

Farbton „Linzer Blau“ sorgte und mit der Stiegenhäuser, Aufzüge und Außentüren gestaltet wurden.

Nach der Machtübernahme der Nationalsozialisten 1938 mutierte der Betrieb offiziell zum „nationalsozialistischen Musterbetrieb und konnte sich sogar (!) mit dem „Leistungsabzeichen für vorbildliche Sorge um die Volksgesundheit“ schmücken. Auch die Arbeiter kamen nicht zu kurz und durften bis zu 700 Zigaretten pro Jahr kostenlos qualmen.

Man betritt das Areal heute durch einen Zugwaggon. Herzstück der Tabakfabrik ist das **227 Meter lange Hauptgebäude** mit seinen charakteristischen vorgemauerten Holzblockziegeln und den durchlaufenden Fensterfronten, das der Zigarettenfabrikation diente. Daneben gibt es ein Kraftwerk im Innenhof, das Gebäude der Pfeiffentabakfabrikation mit einem Fries aus dem Jahre 1934 an der Unteren Donaulände und Magazine. Für die Arbeiter entstanden bereits 1923 in der benachbarten Gruberstraße 65 und 67 zwei Wohnhäuser, an deren Fassaden Tabakpflanzen eingearbeitet sind.

2009 endete die Tabakproduktion und die Stadt Linz kaufte das Areal, das in ein großangelegtes **Kreativ-Areal** umgestaltet worden ist. Es dient ebenso als Arbeitsplatz für Designer, Künstler, Technologieentwickler und Modestudenten wie als Veranstaltungs- und Ausstellungsort. Groß- und Wanderausstellungen fanden in den vergangenen Jahren statt – Highlight 2021 war eine Banksy-Ausstellung!

Das 350 m² große **VALIE EXPORT Center** widmet sich den Werken der berühmten, in Linz geborenen Medienkünstlerin (s. S. 106).

› Tabakfabrik, Ludlgasse 19 (Zugang auch über Untere Donaulände/Zugwaggon), ca. 10-minütiger Fußweg vom Lentos-Museum oder Linien 12, 25 „Parkbad“, www.tabakfabrik-linz.at

23 Francisco Carolinum/ Landesgalerie ★★ [D3]

Die Landesgalerie ist allein schon aufgrund ihres Gebäudes einen Besuch wert: In der vollen Pracht des **Historismus** präsentiert sich das Museum, das etwas östlich der Altstadt befindlich ist. Zu verdanken haben die Linzer den Prachtbau zwei bedeutenden Österreichern des 19. Jahrhunderts: dem Schriftsteller Adalbert Stifter (s. S. 36) und dem habsburgischen Kaiser Franz-Joseph I. Der nach Plänen des Berliner Architekten Bruno Schmitz erbaute und 1895 vollendete Kunsttempel sollte unter seinem früheren Namen **Francisco-Carolinum** der „Erbauung und Bildung des Bürgertums dienen" und tut dies bis heute.

Äußerlich sticht der monumentale **Figurenfries** ins Auge, welcher die Geschichte Oberösterreichs darstellt. Das Treppenhaus wurde ähnlich prunkvoll ausgestattet wie jenes des Kunsthistorischen Museums in Wien: Farbenprächtige **Deckenfresken** symbolisieren die vier Viertel Oberösterreichs – Innviertel, Mühlviertel, Traunviertel und Hausruckviertel.

Heute ist die Landesgalerie das **Museum für moderne und zeitgenössische Kunst** des Landes Oberösterreich und bietet regelmäßig wechselnde Ausstellungen. Bedeutendster Vertreter in der Sammlung mit über 1000 Bildern, Skulpturen und Installationen ist der österreichische Künstler **Alfred Kubin.** Als Vertreter des Expressionismus und Mitglied im berühmten **Blauen Reiter** ist ihm in der Landesgalerie ein ständiger Schwerpunkt gewidmet.

› Museumstraße 14, Linien 1, 2, 3 „Taubenmarkt", Linien 26, 27 „Museumstraße", Tel. 772052200, www.landesgalerie.at, geöffnet: Di.–So. 10–18 Uhr, Eintritt: 6,50 € (4,50 € ermäßigt)

Augenschmaus: das prächtig ausgemalte Treppenhaus der Landesgalerie

025lz-se

Höhepunkte außerhalb des Stadtzentrums

Wer Linz besucht, sollte die Stadt unbedingt auch von oben betrachten. Am besten kann man das von einem der beiden Linzer Aussichtsberge aus tun: vom berühmten Pöstlingberg (26), auf den man vom Hauptplatz (1) aus bequem mit der Pöstlingbergbahn (25) transportiert wird, oder vom Freinberg (28) beziehungsweise der dortigen Franz-Josephs-Warte aus. Nicht allzu weit entfernt vom Freinberg liegt der viel gelobte Botanische Garten (29). Auch eine Entdeckungstour durch den Stadtteil Urfahr (24) nördlich der Donau lohnt sich. Mit der Straßenbahnlinie 2 gelangt man auch gut zum weniger bekannten Magdalenenberg, wo einst die erste Eisenbahn Europas Station machte. Auf dem Areal der voestalpine (31) schlägt das Herz der Industriestadt. Besonders die samstägliche Werksbesichtigung ist ein echtes Highlight und lohnt den Besuch.

(24) Urfahr ★ [cg]

Offiziell ist Urfahr nur ein begrenzter Stadtteil gegenüber der Linzer Altstadt am nördlichen Donauufer, inoffiziell wird aber das gesamte Linzer Terrain nördlich der Donau als Urfahr bezeichnet. Der Name bezeichnet das alte Wort für Überfahrt. Hier war nämlich jahrhundertelang die einzige Möglichkeit, die Donau zu überqueren, ehe im Spätmittelalter die erste Donaubrücke den Strom überspannte – als Vorläufer der heutigen Nibelungenbrücke (18).

Seit 1808 hatte Urfahr das Marktrecht inne, im Jahre 1882 wurde der Markt zur Stadt erhoben. Wenngleich Urfahr bereits kurz danach von Linz geschluckt und eingemeindet wurde, haben sich die Bewohner im Norden stets ihre **Eigenständigkeit** und auch einen gewissen **Lokalstolz** bewahrt. Gebürtige Norddanubier (nördlich der Donau lebende Menschen) sehen sich oft in erster Linie als **Urfahraner** – so der umgangssprachliche Begriff für die Bewohner – und erst in zweiter Linie als Linzer.

Die Donau bildete zwischen den beiden Siedlungen, Städten und späteren Stadtteilen stets eine klare Grenze. Einst stieß hier das römische Imperium im Süden auf das „barbarische Germanenland" im Norden und auch noch nach dem Zweiten Weltkrieg prägten Schlagbäume das Bild an der Nibelungenbrücke: Urfahr gehörte zum **sowjetischen Einflussbereich**, Süd-Linz zur amerikanischen Zone. Linz war wie Berlin eine geteilte Stadt – allerdings nicht bis 1989, sondern nur bis zum österreichischen Staatsvertrag von 1955.

Trotz Wiedervereinigung unterscheidet sich die Urfahraner Mentalität bis heute ein wenig vom Rest der Stadt. Manch „Eingeborener" fühlt sich am Linzer Hauptplatz noch immer etwas fremd. Nördlich der Donau erstreckt sich die Region Mühlviertel, insofern ist Urfahr in gewisser Weise bereits ein Teil davon. Mittlerweile sind insbesondere die Urfahraner Stadtrandlagen zu begehrten und **teuren Wohngegenden** geworden. Insbesondere der **Pöstlingberg** (26) mit seinen historischen Villen gehört zu den teuersten Pflastern der Stadt. Daneben gibt es aber auch große Wohnsiedlungen, die zum Teil aus der NS-Zeit stammen (s. S. 102).

Drei markante Urfahraner Gebäude stechen bereits vom Altstadt-Lentos-Ufer aus ins Auge: das **Neue Rathaus**

Mein Tipp

Legendäres Urfahraner Kulturzentrum: die Stadtwerkstatt

Die Stadtwerkstatt direkt neben dem Ars Electronica Center 19 an der Donau ist ein Kulturverein und Veranstaltungsort, der 1979 von jugendlichen Aktivisten gegründet wurde und somit **das älteste autonome Kulturzentrum von Linz** darstellt. Neben wöchentlichen Musikveranstaltungen gibt es auch andere kulturelle Veranstaltungen wie Lesungen oder Theateraufführungen bis hin zu Aktionskunst. Progressiv-alternative Größen wie die Einstürzenden Neubauten, Abwärts oder der österreichische Skandalkünstler Hermann Nitsch gaben sich schon in der Stadtwerkstatt die Klinke in die Hand. Angeschlossen sind auch ein Radiosender und das Café Strom (s. S. 83).

- 3 [B2] **Stadtwerkstatt,** Kirchengasse 4, Tel. 731209205, www.stwst.at

Blick über die Donau auf Urfahr und den Pöstlingberg

links der Donaubrücke, das **Ars Electronica Center** 19 links davon und die **Stadtpfarrkirche** von Urfahr daneben. Sie ist dem **heiligen Josef** geweiht (Altarbild am Hochaltar) und beherbergt neben einem Marienaltar unter anderem auch einen Nikolausaltar. Der **heilige Nikolaus** grüßt als Schutzpatron der Binnenschiffer auch die vorbeiziehenden Schiffe von der Außenwand der Kirche.

Ein weiteres sehenswertes Gebäude ist das **Alte Rathaus** von Urfahr in der Rudolfstraße 18 mit seiner Jugendstilfassade. Die Architektur der 1970er-Jahre hat sich in dem mächtigen Gebäudekomplex **Lentia City 2000** (s. S. 86) mit Einkaufszentrum manifestiert. Zudem ist Urfahr mit der **Johannes-Kepler-Universität** auch ein Zentrum des Linzer Studentenlebens (Endstation der Straßenbahnlinie 2). Architektonisches Highlight ist die futuristische Stahlkonstruktion des **Science Park.**

Es lohnt sich für Spaziergänger, die Gegend am westlichen Donauufer Richtung **Donaustrand Urfahr** zu erkunden – eine beliebte Freizeitoase der Linzer insbesondere im Sommer.

In östlicher Richtung gelangt man zum Festplatz des **Urfahraner Jahrmarkts**, der zweimal jährlich stattfindet (s. S. 92).

› Linien 1, 2, 3 „Rudolfstraße“

25 Pöstlingbergbahn ★★ [C3]

Linz-Besucher sollten sich eine Fahrt mit der Pöstlingbergbahn nicht entgehen lassen. Auch wenn die Schmalspurbahn auf den Paradeberg der Linzer seit ihrer Modernisierung vor einigen Jahren ein wenig vom nostalgischen Charme vergangener Zeiten verloren hat, ist die Fahrt noch immer ein Erlebnis – herrlicher Ausblick inklusive.

Ursprünglich verband die 1897 errichtete Bahn den Bergbahnhof (eigentlich die Talstation) in Urfahr mit dem Pöstlingberg-Gipfel. Als dampfbetriebene Zahnradbahn war sie anfangs von Ingenieur **Josef Urbanski** geplant. Mitstreiter fand er in der Wiener Baufirma Ritschl & Co. und dem Hof- und Gerichtsadvokaten Dr. Carl Beurle. Schließlich setzten sich das „Consortium für die Errichtung elektrischer Anlagen in Linz“ mit ihren Plänen für eine Adhäsionsbahn durch. Der Begriff ist ein Synonym für eine sogenannte **Reibungsbahn**, deren Antrieb über die Kraftreibung der Räder erfolgt, womit große Steigungen bezwungen werden können. Neben einer Straßenbahnlinie in Lissabon ist die Pöstlingbergbahn eine der **steilsten Adhäsionsbahnen der Welt** mit einer Steigung von durchschnittlich 10,5 % und einer Maximalsteigung von 11,6 % an der Station „Hoher Damm“.

Nach der feierlichen Eröffnung am Pfingstsonntag, dem 29. Mai 1898, stieg die Besucherzahl bis Mitte der 1950er-Jahre auf weit über eine Million pro Jahr. Danach ging es mit der Beliebtheit bergab, wohl auch dem Siegeszug des Automobils geschuldet. Heute liegt die Fahrgastzahl bei circa 500.000 Personen. Dass sich die Pöstlingbergbahn wieder touristischer Beliebtheit erfreut, liegt an einer Modernisierung – ausschlaggebend für den Umbau war ein entgleister Wagen im Jahr 2005. Die Bahn wurde von einem Meter auf 900 Millimeter umgespurt und damit auf die Spurweite der Straßenbahn gebracht. Drei Niederflurtriebwagen wurden bereitgestellt und der Start wurde ins Linzer Zentrum verlegt. 35 Millionen Euro kostete das Projekt, zum

027lz-se

› *Eine Fahrt mit der Pöstlingbergbahn ist ein echtes Vergnügen*

MEIN TIPP

Auf dem Stadtwanderweg zum Pöstlingberg

Der **Stadtwanderweg 2** führt vom **Hauptplatz** 1 aus hinauf auf Linz' Paradeberg und auf alternativer Strecke wieder zurück zum Ausgangspunkt. Die Weglänge beträgt etwa **8 Kilometer.** Ohne Pausen ist man **zwei bis drei Stunden** unterwegs.

Man überquert zunächst die **Nibelungenbrücke** 18 auf der linken Seite. Vor dem Neuen Rathaus geht es links die Treppe hinunter und man kommt auf die Obere Donaustraße. Rechts die Talgasse hinauf, die Rudolfstraße querend und weiter die steile Berggasse bergauf führt der Weg bis zu jener Stelle, wo man den Streckenverlauf der **Pöstlingbergbahn** 25 kreuzt. Einige Meter die Hagenstraße hinunter biegt man dann links in den Schablederweg ein. Ganz in der Nähe befindet sich der **Linzer Zoo** 27. Auf dem stetig aufsteigenden Schablederweg weiter, erreicht man über die Hohe Straße und die Samhaberstraße den **Pöstlingberg** 26 mit **Wallfahrtskirche** und **Grottenbahn.**

Der Abstieg erfolgt über den steilen **Kreuzweg.** In der Nähe des Kreuzwegs befindet sich das **Heilige Bründl** – möglicherweise schon in grauer Vorzeit ein altes Quellheiligtum mit Naturgrotte und Lourdes-Madonna. Der Weg dorthin gehört nicht zum Stadtwanderweg, er führt von der 5. Kreuzwegstation links über die Mayrwiese in den Wald.

Etwas unterhalb des Wegs hört man die Quelle aus dem Boden sprudeln. Angeblich soll das kühle Nass Wunder wirken. (Trinken auf eigene Gefahr, dem Autor hat es gut geschmeckt.)

Über den Kreuzweg erreicht man schließlich das **Collegium Petrinum.** Das Bischöfliche Gymnasium wurde im Stil des Historismus Ende des 19. Jahrhunderts errichtet und verfügt angeblich über 999 Fenster. Durch Urfahr 24 führt der Weg wieder zurück zum Ausgangspunkt am Hauptplatz.

› Weitere Informationen zu den Linzer Stadtwanderwegen auf S. 122

028lz-se

111. Geburtstag der Bahn fand am 29. Mai 2009 die Neueröffnung statt. Seither geht es vom **Hauptplatz** 1 im 30-Minuten-Takt (Sommer 15-Minuten-Takt) über die **Nibelungenbrücke** 18, man durchquert **Urfahr** 24, bevor es über mehrere Stationen – unter anderem der am **Zoo** 27 – hinauf zum Gipfelplateau des **Pöstlingbergs** 26 mit der Wallfahrtskirche und der Grottenbahn geht. Im Sommer verkehren auch **Nostalgiewaggons.**

Immer wieder tut sich während der Fahrt ein schöner Ausblick auf. Man passiert steile gemauerte Einschnitte und fährt fast durch die Gärten hübscher Villen, die zum Teil noch aus der Erbauungszeit der Bahn stammen. In der ehemaligen Talstation in Urfahr ist heute ein kleines **Museum zur Geschichte der Pöstlingbergbahn** (s. S. 74) untergebracht.

› Start der Pöstlingbergbahn als Linie 50 auf einem separaten Gleis am Linzer Hauptplatz, Fahrtdauer: ca. 25 Minuten, tägl. ab 6 Uhr (Sa./So., feiertags ab 7 Uhr) bis 22.30 Uhr (letzte Tal- u. letzte Bergfahrt 22 Uhr), im Sommer 15-Minuten-Takt, Preis für Berg- und Talfahrt: 7,20 € (ermäßigt 3,60 €), eine Strecke: 4,40 € (ermäßigt 2,20 €), Kombiticket inklusive 24 Stunden-Ticket für den Linzer ÖPNV: 11 € (ermäßigt 5,50 €), Ticketautomat am Bahnsteig

Der Stadtwanderweg 2 führt vorbei am repräsentativen Collegium Petrinum

26 Pöstlingberg ★★★ [ag]

Mit seinen 539 Metern Höhe ist der Pöstlingberg mit seiner auf dem Gipfel thronenden Kirche ein markantes Linzer Wahrzeichen und beliebtes Ausflugsziel. Für Kinder wie Erwachsene lohnt sich der Aufstieg beziehungsweise die Fahrt mit der Pöstlingbergbahn 25 hinauf zum Gipfel: Außer der Wallfahrtskirche erwartet die Besucher eine romantische Grottenbahn und die schönste Aussicht über Linz.

Bereits Mitte des 18. Jahrhunderts pilgerten die Linzer über die Donau nach Urfahr und weiter auf ihren Hausberg samt Kirche und Wirtshaus. Aufgrund der militärisch-strategischen Bedeutung ließen die Franzosen die Gipfelregion 1809 abholzen, wodurch sich einer neuer Ausblick auftat. In den 1830er-Jahren entstanden zum militärischen Schutz die **Maximilianischen Anlagen**, die der Öffentlichkeit zugänglich waren. Noch heute können sie im Rahmen eines lohnenden kleinen Rundwegs umwandert werden. Die Wehranlage mit einstmals sechs großen Türmen umschließt die gesamte Gipfelregion.

Einige Türme werden bis heute touristisch genutzt: als Endstation der Pöstlingbergbahn, als Aussichtsplattform und für die Grottenbahn. In einem Befestigungsgraben begegnet man Hirschen. Ein **Kinderspielplatz** befindet sich in einer bewaldeten Parkanlage gleich unterhalb des Restaurants Pöstlingberg Schlössl.

Eine schöne, wenngleich anstrengendere Alternative zur Bergbahn stellt der Fußweg auf den Pöstlingberg über den Kreuzweg dar. Er beginnt am Bischöflichen Gymnasium **Petrinum** (Petrinumstraße 12) und führt vorbei am **Heiligen Bründl**, einer Naturgrotte mit Quelle.

Wallfahrtskirche zu den Sieben Schmerzen Mariä

Schon vom Donauufer und vom Schlossberg 8 aus grüßen die zwei Kirchtürme auf dem Pöstlingberg und ziehen Touristen wie Einheimische seit Jahrhunderten hinauf zum Gipfel. Ursprung der Wallfahrt ist eine **Pietà** – eine Muttergottes mit dem verstorbenen Sohn auf dem Schoß und einem Schwert in der Brust, welches ihre Schmerzen symbolisiert.

1716 brachte ein Kapuzinerbruder aus Urfahr das Gnadenbildnis bei einem Wetterkreuz an, woraufhin sich schon bald eine wundersame Heilung ereignete und sich die **Wallfahrt** entwickelte, die schließlich zum Bau der barocken **Kreuzkuppelkirche** führte. Im dortigen Hochaltar ist das Gnadenbild in einen Strahlenkranz integriert. Vor dem Eingang der Kirche steht eine Skulptur des **heiligen Johannes Nepomuk** mit der Beschreibung seiner Heiligenlegende. In der Krypta der Kirche, die man außen durch einen Seiteneingang betritt, ist eine Weihnachtskrippe aufgestellt.

› geöffnet: tägl. 8–18 Uhr, Mai–Okt. 7–20 Uhr

Linzer Grottenbahn

Nicht nur für Kinder ist eine Fahrt mit der Grottenbahn ein aufregendes Erlebnis, auch Erwachsene entdecken während der Fahrt oftmals wieder das Kind in sich und lassen sich vom unterirdischen Reich der Zwerge, Feen und Märchengestalten verzaubern.

Die Wallfahrtskirche auf dem Gipfel des winterlichen Pöstlingbergs

Der **Lindwurm Lenzibald** transportiert die Besucher quasi als Drachen-Lokomotive durch den alten Maximilianischen Befestigungsturm. Bereits seit 1906 existiert die Linzer Grottenbahn, die damals unter dem Namen „Elektrische Turmbahn Pöstlingberg" eröffnet wurde.

In der Frühzeit der Bahn ging es vier Runden durch die Unterwelt, wobei die Grotte jeweils in unterschiedlichen Farben illuminiert war. Die letzte Runde erfolgte dann in absoluter Finsternis, lediglich ein Schild mit der Aufschrift „Küssen verboten" war zu sehen – ein Schelm, wer Böses dabei denkt ... Im Laufe der Jahrzehnte wurden lebendige Grottenolme und Märchenthemen samt ausgestopften Tieren präsentiert, ehe das Gewölbe im Zweiten Weltkrieg schweren Schaden nahm. Seit der Neugestaltung durch die Bildhauerin Friederike Stolz im Jahr 1948 fährt die Bahn drei Runden durch das **Zwergenreich**, wobei zunächst die Nischen auf der linken bzw. auf der rechten Seite beleuchtet sind. Die dritte Runde erfolgt dann bei Festbeleuchtung.

Im Untergeschoß der Grottenbahn erwartet die Besucher eine detailgetreue **Nachbildung des Linzer Hauptplatzes** 1 um 1900.

› Vom Gipfelbahnhof der Pöstlingbergbahn ca. 5-minütiger, beschilderter Fußweg, geöffnet: März–Mai und Sept.–1. Nov. 10–17 Uhr, Juni–Aug. 10–18 Uhr, Adventssonntage und 8. Dez. 10–17 Uhr, 24. Dez. 10–15 Uhr, letzte Drachenfahrt 30 Min. vor Betriebsende, Eintritt: Erwachsene 5,90 €, Kinder 3,50 €, Familienticket (2 Erwachsene, zwei Kinder): 15,90 €

Mein Tipp

Einkehr im Pöstlingberg Schlössl

Das kleine romantische **Pöstlingberg Schlössl** (s. S. 79) unterhalb der Kirche ist der kulinarische Platzhirsch auf dem Berg. Der Gastrobetrieb ist auf größeren Touristenandrang eingestellt und bietet gutbürgerliche Küche, gute Weine und das eigens gebraute Bier Schlössl-Bräu. Vom Gastgarten aus genießt man einen herrlichen Blick über die Stadt.

27 Zoo Linz ★ [ah]

Klein, aber fein – so lässt sich der Linzer Zoo auf einen Nenner bringen. Freilich kann er von seiner Größe her nicht mit Tierparks wie Schönbrunn in Wien oder Hellabrunn in München mithalten, doch auf dem vier Hektar großen Areal am Fuß des Pöstlingbergs tummeln sich immerhin **600 Tiere** aus etwa **110 Arten,** die jährlich von über 100.000 Zweibeinern besucht werden.

030lz-zl

› *Kleiner Zoobewohner: ein Zwergseidenäffchen*

Auf den Anblick der ganz großen und ganz wilden Tiere wie Elefanten, Nashörner, Löwen und Tiger muss der Besucher zwar verzichten, dennoch bildet der sympathische Tierpark eine vielfältige Arche Noah – vom Wellensittich bis zum Uhu, vom südafrikanischen Nasenbär bis zum afrikanischen Zwergesel, vom Brillenkaiman bis zum Tigerpython reicht die Artenvielfalt.

Neben den gepflegten **Freiluftanlagen** gibt es ein **Tropenhaus** und das **Haus der Artenvielfalt**, in dem sich exotische Bewohner wie Pfeilgiftfrösche, Webervögel oder Vogelspinnen tummeln.

Auch eine **Zooschule** sorgt für lehrreichen Spaß. Auf 3500 Quadratmetern befindet sich zusätzlich ein **Haustierpark** für Haus- und Nutztierrassen wie z. B. Ziegen, Schafe, Schweine, Kaninchen & Co.

› Windflachweg 1, Pöstlingbergbahn (Linie 50) „Tiergarten", Tel. 73180, www.zoo-linz.at, geöffnet: Ende März–Ende Okt. 9–18 Uhr (Ausgang bis 19 Uhr), sonst bis 16 Uhr (Ausgang bis 17 Uhr), Eintritt: 8 € (Erwachsene), 6 € (ermäßigt), 4 € (Kinder von 6–13 Jahre)

28 Freinberg ★★ [ah]

Westlich vom Schlossberg 8 bildet der Freinberg zusammen mit dem gegenüber liegenden Pöstlingberg die Pforte, durch die sich die Donau in das Linzer Becken ergießt. Während sich der Pöstlingberg 26 spätestens seit dem Bau der Pöstlingbergbahn 25 und aufgrund des gastronomischen Angebots zu einem touristischen Highlight gemausert hat, wird der Freinberg hauptsächlich von den Linzern aufgesucht – er ist es allerdings unbedingt wert, entdeckt zu werden.

Schließlich ist der Freinberg die **Keimzelle der Stadt:** Die Anhöhe war bereits in der Jungsteinzeit besiedelt. Später befand sich hier eine Keltensiedlung, wie Ausgrabungen nahelegen. Eine keltische Wallanlage auf dem Plateau ist bis heute sichtbares Zeugnis der Urzeit.

Auch was den Blick auf die Stadt betrifft, muss sich der Freinberg nicht verstecken. Nirgendwo anders genießt man einen besseren Blick auf die gebogene, s-förmige Donauschleife, die der Stadt ihren Namen gegeben hat – das Wort „lentos" bedeutete „gebogen". Um diesen und einen wunderbaren Blick auf die Alpenkette zu genießen, muss man aber zunächst ein wenig schnaufen und die **Franz-Josephs-Warte** erklimmen. Es handelt sich dabei um einen Aussichtsturm aus dem Jahre 1888, der zu Ehren des 40-jährigen Thronjubiläums Kaiser Franz Josephs errichtet wurde.

Daneben gibt es auf dem Freinberg noch einige weitere Dinge zu entdecken: Unterhalb der Warte befindet sich die **Barbarakapelle**, es gibt eine Kaisereiche, eine Schubertlinde und einen Obstbaumgarten. Zudem findet man auf dem Freinberg-Areal das **Fliegerdenkmal**, eine Bronzeplastik eines stehenden Jünglings mit erhobenen Armen von Wilhelm Fraß, und einen Fitness-Parcours sowie einen großen Kinderspielplatz.

Auch die Überreste eines prähistorischen **Keltenwalls** sind noch zu erkennen. Eine Informationstafel steht am Zugang zur Parkanlage an der Römerstraße.

› Linie 26 „Vergeinerstraße", Öffnungszeiten der Franz-Josephs-Warte: Nov.–März 10–16 Uhr, Apr.–Mai 9–18 Uhr, Juni–Sept. 8–20 Uhr, Okt. 9–17 Uhr, Eintritt frei

29 Botanischer Garten ★ [bi]

Der ganzjährig geöffnete Botanische Garten der Stadt Linz liegt unweit des Fußballstadions auf der Anhöhe Gugl nordwestlich des Hauptbahnhofs und ist ein Paradies für Kakteen- und Orchideenliebhaber. Das Areal erstreckt sich auf einer Fläche von 4,2 Hektar, auf dem ca. 10.000 unterschiedliche Pflanzenarten beheimatet sind. Ein Teil davon wächst im Freiland, ein weiterer in Gewächshausanlagen.

Im **Eingangshaus** wird man von Seerosen und fleischfressenden Pflanzen begrüßt. Seerosen finden sich auch im **Tropenhaus.** Hier hat die Riesenseerose allerdings einen Blattdurchmesser von bis zu 1,8 Metern, was sie bei den Besuchern zum Publikumsmagneten macht.

Internationale Anerkennung genießt insbesondere das **Sukkulentenhaus** mit seiner einzigartigen **Kakteensammlung.** Die meisten Besucher kommen allerdings wegen des **Orchideenhauses.** Es ist das Aushängeschild des Botanischen Gartens mit einer der umfangreichsten Orchideensammlungen Europas – darunter seltene Wildarten und Raritäten.

Die weitläufigen **Außenanlagen** werden aufgrund ihrer Blütenpracht während der warmen Jahreszeit besonders frequentiert. Zur Flora gesellt sich auch die **Tierwelt,** unter anderem in Form von Insektenhotel, Bienenschaukasten und Igel-Unterschlupf. Die Brücke zur Kultur bilden **Skulpturen** österreichischer Künstler, die in den Grünanlagen zu finden sind. Regelmäßig finden Vorträge und Seminare für Hobbygärtner statt. Für eine kulinarische Pause bietet sich das **Café Orchidee** an (Di.–So. ab 9.30 Uhr geöffnet).

› Roseneggerstraße 20, Buslinie 27 „Botanischer Garten", Tel. 70701860, www.linz.at/botanischergarten, geöffnet: Nov.–Feb. 9–16 Uhr, März, Okt. 9–17 Uhr, Apr.–Sept. 9–19 Uhr, geschlossen: 24., 25., 31. Dez., 1. Jan., Eintritt: 3,70 € (ermäßigt: 2,70 €, Familienkarte: 6,50 €)

MEIN TIPP

Heurigen-Atmosphäre in Urfahr

Etwas versteckt, aber nur wenige Schritte von der Straßenbahnhaltestelle Sankt Magdalena entfernt bietet der Weinstadl Urfahr Gelegenheit zu einer zünftigen Einkehr. Im gemütlichen Gastgarten herrscht bei schönem Wetter Heurigenstimmung mit Wein, Bier und Most. Auf der Speisekarte stehen deftige Brotzeiten und Klassiker der österreichischen Küche.

4 [cf] **Weinstadl Urfahr** €, Giesmayrstraße 18, www.weinstadl-urfahr.at, Tel. 0664 99329932, geöffnet: Di.–Sa. 15–24 Uhr, feiertags geschlossen

30 Magdalenenberg ★ [cf]

Im Gegensatz zum Pöstlingberg verschlägt es Touristen eher selten auf den etwas niedrigeren Magdalenenberg. Zu Unrecht: Denn einerseits bietet die Anhöhe einen herrlichen Blick über das Linzer Becken und hinüber zum Pöstlingberg, andererseits ist die Anhöhe auch kulturhistorisch bedeutsam. Am 21. Juli 1832 kam es dort oben zu einem besonderen Spektakel: Das Kaiserpaar Franz I. und Karoline Auguste eröffneten feierlich mit der **Pferdeeisenbahn** die erste Schienenbahn des europäischen Festlands. Die ehemalige Trasse mit mehreren Brückenbauwerken ist teilweise bis heute erhalten.

Spätestens seit diesem Ereignis ist der hübsche Aussichtsberg ein beliebtes Ausflugsziel der Linzer. Die **Kirche** beherbergt eine spätgotische Marienstatue von anmutiger Gestalt. Direkt neben der Kirche steht eine uralte **Linde**.

› Linien 1, 2 „St. Magdalena", von dort circa 10 Minuten zu Fuß hinauf zum Kirchenhügel

31 voestalpine Stahlwelt ★★ [dj]

Faszination Stahl – fast nirgendwo kann man einen besseren Einblick in die Erzeugung und Verarbeitung des weltweit gefragten metallenen Stoffs erhalten als in Linz. Die voestalpine als wichtigstes Linzer Unternehmen gewährt Besuchern mit der voestalpine Stahlwelt einen faszinierenden Einblick in das industrielle Herz der Stadt.

Weder Kosten noch Mühen hat man für das prestigeträchtige Projekt gescheut, das gemeinsam mit vielen anderen architektonischen Glanzlichtern im Rahmen des Kulturhauptstadtjahrs 2009 in Linz verwirklicht worden ist. Als Besucher bewegt man sich durch sechs Stockwerke und durchwandert dabei unterschiedliche Themenbereiche. Allein für die Stahlwelt sollte man etwa eineinhalb Stunden einplanen, zusammen mit einer geführten Werksbesichtigung mind. drei Stunden.

Im Inneren der Stahlwelt hängt eine riesige Stahlrotunde, die einem **Stahlwerkstiegel** nachempfunden ist. Der Tiegel stellt die zentrale Erlebniswelt dar, die Fixpunkte sind 80 große, verchromte Kugeln mit einem Durchmesser von bis zu 2,50 Metern. Einzelne **Kugeln** sind in den Ausstellungsparcours integriert, angeschnitten und zum Teil auch begehbar.

An den Tiegel schließt baulich ein **Turm mit Exponaten** und teilweise **interaktiven Stationen** an. Über Stege gelangt man Ebene für Ebene in höhere Gefilde, begleitet von **sphärischen Klängen** aus der Stahlproduktion und von **Lichteffekten** der 700 Quadratmeter großen LED-Flä-

031lz-se

che, die die Innenwand des Tiegels ausgekleidet.

Die Stahlwelt-Exkursion beginnt mit der **Konzern- und Werksgeschichte.** Im Erdgeschoss wird die Geschichte des Produkts präsentiert: vom Eisenmeteoriten, der vor Millionen Jahren auf die Erde krachte bis zur aktuellen Euromünze. Ein Modell des riesigen Werksgeländes dient dazu, sich einen allgemeinen Überblick zu verschaffen.

Das erste Stockwerk gibt Einblicke in die **Stahlerzeugung.** Die Entwicklungsstufen vom Roheisen bis zum Edelstahl sind komplex. Ausgestellt sind unter anderem der Schutzanzug eines Hochofenarbeiters, der Querschnitt durch eine Hochofenwand und ein interaktives Mischpult zur Mischung der persönlichen Stahlsorte bei der Erzeugung von Stahl.

Die zweite Ebene hat den Themenbereich **Stahlverarbeitung** zum Schwerpunkt. Hier erhält man einen Überblick über die vielfältigen Umform- und Beschichtungsprozesse in den voestalpine-Werken. Die dritte Ebene setzt den Fokus auf unterschiedliche **Stahlprodukte**, ihre besonderen Eigenschaften und vielfältigen Aufgabenbereiche – vom profanen Alltagsstahl bis hin zur Spitzentechnologie. Anschaulich gemacht werden die Stahlprodukte anhand der Fertigungsstufen für einen Kotflügel bzw. für ein Startergehäuse von Raketen. Ein weiteres Exponat ist eine interaktive Eisenbahnweiche.

Im vierten Stock präsentiert sich die voestalpine als weltweit agierendes Erfolgsunternehmen. Höhepunkte hierbei sind die **Installation „Stahl im Alltag“** und ein Stahldetektor, der Spielzeug durchleuchten kann. Auch die persönlichen Erfolgsgeschichten einzelner voestalpine-Mitarbeiter werden präsentiert.

Die fünfte Ebene gestattet schließlich einen imposanten **Ausblick auf das Werksgelände** von einer Aussichtsterrasse aus. Hier beantworten voestalpine-Mitarbeiter die Fragen der Besucher. Seit 2021 existiert der neue Ausstellungsbereich **greentec steel**, der sich neuen Wegen zur grünen Stahlproduktion verschrieben hat.

„Gestählt“ vom Rundgang durch fünf Stockwerke, die quer durch die Geschichte und Verarbeitung des Produkts Stahl führen, hat man sich im **Panorama-Café** auf Ebene 6 eine kleine Pause verdient. Wieder im Erdgeschoss angelangt, bietet der Stahlwelt-Shop eine Reihe produktbezogener Mitbringsel.

Zwar ist man in der Stahlwelt den rauchenden Schloten und Hochöfen schon recht nahe. Den echten Nervenkitzel erhält man allerdings erst

MEIN TIPP

Zeitgeschichtliche Ausstellung

Mit der „Zeitgeschichteausstellung 1938–1945 – Gewidmet den NS-Zwangsarbeiterinnen und Zwangsarbeitern am Standort Linz der Reichswerke Hermann Göring AG Berlin“ setzt sich der Stahlkonzern mit den dunklen Seiten seiner Geschichte auseinander. Die öffentlich zugängliche Dauerausstellung ist für Einzelbesucher Mi., Do. und Sa. zwischen 9 und 17 Uhr und freitags zwischen 13 und 17 Uhr geöffnet.

5 [dj] **Zeitgeschichtliche Ausstellung voestalpine,** voestalpine-Straße 1, Tel. 050304 158900, www.voestalpine.com/zeitgeschichte, Eintritt: frei

Futuristisch: In der voestalpine Stahlwelt strahlen 80 Kugeln

im Rahmen der **geführten Werksbesichtigungen**, für die eine separate Anmeldung vorab nötig ist. Einer der Höhepunkte ist die Besteigung eines **Hochofens** und ein Blick hinein ins glühende Herz der Eisenherstellung. Ebenfalls eindrucksvoll: der Besuch des **Walzwerks.**

Multimediabusse fahren tief in das 5,2 Quadratkilometer große Werksgelände hinein – direkt an die Anlagen heran, wo man einen Blick hinter die Kulissen der Stahlerzeugung werfen kann. Für den Besuch des Werks gelten besondere Sicherheitsbestimmungen: Für Kinder unter 6 Jahren ist die Teilnahme an einer Werkstour nicht gestattet. Das Tragen von festem Schuhwerk ist erforderlich, außerdem wird schmutzunempfindliche Bekleidung empfohlen. Körperliche Fitness ist Voraussetzung für die Werkstour, da mehrmals Treppen mit bis zu 90 Stufen überwunden werden müssen.

› voestalpine-Straße 4, Buslinie 25 ab Haltestelle Turmstraße (Linie 1, 2), Station „Betriebsgebäude 41", Tel. 050304 158900, www.voestalpine.com/stahlwelt, geöffnet: Mo.–Sa. 9–17 Uhr, Eintritt: 10 € (8 € ermäßigt), Werkstour: zusätzlich 12 €, Anmeldung telelefonisch oder im Internet

32 Mural Harbor Gallery ★ [dh]

Eine besondere Sehenswürdigkeit, die man so wohl nur in Linz bewundern kann, sind die **Graffitti in XXL** im Mural Harbor. Benannt ist er nach den sogenannten Murals, großformatigen Fassadengemälden, wie man sie mittlerweile in vielen Metropolen und Großstädten findet. Bereits 23 großflächige Bilder mit über 100 m² Fläche und über 300 kleinere Murals existieren mittlerweile an den alten Industriegebäuden des Linzer Hafens. Acht **gewaltige Hafengemälde** sind sogar größer als 500 m². Die Künstler kommen dafür aus aller Welt an die Donau. Es werden regelmäßige **Mural Walks,** auch inklusive Graffiti-Crashkurs, sowie weitere Aktivitäten für Interessierte angeboten (siehe Homepage). Zudem existiert das **Museum auf Zeit** (M. A. Z.) als Künstlertreffpunkt und Ausstellungsort namhafter Künstler (Eintritt: 5 €).

› Industriezeile 40, muralharbor.at, Anfahrt: Autobuslinie 27 von Haltestelle Taubenmarkt Richtung Fernheizkraftwerk, Ausstieg Haltestelle Posthofstraßen oder Autobus 46 Richtung Hafen, Haltestelle Hafen. Jeweils 100 Meter Fußweg. Bei Anreise mit dem Auto stehen Parkplätze zur Verfügung.

Entdeckungen in der Umgebung

Die Umgebung von Linz ist reich an kulturellen Schätzen. Insbesondere die Dichte an herausragenden barocken Klöstern ist österreichweit einzigartig. Zur Auswahl stehen Stift Wilhering 33, Stift Sankt Florian 34 oder Stift Kremsmünster 41. Eigentlich sollte man keines der drei Klöster auslassen, aber wer nur wenig Zeit hat, sollte zumindest einen Blick in die prächtige Klosterkirche von Sankt Florian werfen.

Neben erquickenden Ausflugszielen – zu denen auch die hübsche Stadt Enns 35 gehört, die urkundlich älteste Stadt Österreichs – gibt es im Linzer Umland auch bedrückende Zeugnisse der jüngeren Vergangenheit, allen voran das Konzentrationslager Mauthausen 40.

032lz-se

33 Stift Wilhering ★★★

Für Liebhaber des Rokoko ist die Stiftskirche in Wilhering an der Donau ein Muss. Die Ursprünge des Zisterzienserstifts vor den Toren von Linz reichen jedoch weit ins Mittelalter zurück. Überbleibsel aus dieser Zeit finden sich sowohl in der Kirche als auch im sehenswerten Kreuzgang.

Stift Wilhering blickt auf eine fast 900-jährige Geschichte zurück: Gegründet wurde das Kloster am 30. September 1146 von den beiden jungen Rittern Ulrich und Kolo, die damit dem Wunsch ihres Vaters entsprachen. Eine besondere Bedeutung kam wenig später dem Adelsgeschlecht der **Herren von Schaunberg** zu, welche die Schutzherrschaft über das Stift übernahmen.

Bis heute erinnern die beiden „Schaunberg-Tumben", zwei prächtig gestaltete mittelalterliche Hochgräber, an das Adelsgeschlecht. Die Reformation brachte dem Kloster unruhige Zeiten: Der damalige Abt wechselte die Seiten und floh mitsamt der Klosterkasse ins protestantische Nürnberg. Im Zuge der Gegenreformation kam es im Barock zu neuerlichem Aufschwung, ehe eine blutjunge Magd im Jahre 1733 für eine einschneidende Zäsur in der Klostergeschichte gesorgt hat: Von einem arbeitslosen Rossknecht angestiftet, legte die 12-jährige Elisabeth Prindlin Feuer und setzte große Teile des Klosterkomplexes in Brand. Zunächst zum Tod auf dem Scheiterhaufen verurteilt, wurde das Mädchen schließlich begnadigt. Immerhin legte sie unbewusst gewissermaßen den Grundstein für das zukünftige **Rokoko-Juwel**, dessen Pracht heute Kunstliebhaber aus aller Welt an die Donau zieht.

„Es gibt kein zweites Bauwerk, das diese Kirche in der Fülle des Figurenschmucks übertrifft. Fülle und Farbigkeit sind die beiden Hauptelemente des Raumes", urteilte der Kunsthistoriker Cornelius Gurlitt über die Wilheringer Stiftskirche. Und das Kircheninnere ist wahrlich ein Augenschmaus mit geballter Farbenpracht, Goldglanz und dynamischem Skulpturenreichtum.

⌃ Heiligendarstellungen an einem Hochgrab in der Wilheringer Stiftskirche

Meine Tipps

Mit der Fähre über die Donau

Die **Drahtseilbrücke Ottensheim** ist eine Fußgänger-, Radfahrer- und Autofähre, die die beiden Gemeinden Ottensheim und Wilhering verbindet – insofern ist sie keine wirkliche Brücke, erfüllt allerdings die Funktion einer solchen. Fußgänger und Radfahrer können zwischen April und Oktober von 6 bis 22 Uhr die Donau auch über das rund 2,4 Kilometer flussaufwärts gelegene Kraftwerk Ottensheim queren. Nach Ottensheim gelangt man auch mit dem **Donaubus** von Linz aus (https://donaubus.at, s. S. 123).

› Tel. 0664 9254916, www.faehre.ottensheim.at, Betriebszeiten: 6.15–19.15 Uhr, So. 8–19.15 Uhr, Preis: 2,30 € pro Person (Kinder 1,70 €), Pkw: 6,20 €, Motorrad: 5 €, Fahrradfahrer: 3,70 €

Most und Wein in Hilkering

Wein aus Oberösterreich? Normalerweise kennt man österreichischen Rebensaft nur aus Ostösterreich, aus der Wachau, dem Weinviertel oder dem Burgenland. Doch seit einigen Jahren gedeihen auch in dem kleinen Örtchen Hilkering (ca. 15 Kilometer westlich von Wilhering beziehungsweise 25 Kilometer von Linz an der B 130 Richtung Passau) gute Weine. Natürlich gibt es im **Heurigen „Zum Weinblick“** des Weinguts Aichinger in der warmen Jahreszeit auch den für Oberösterreich typischen Most und dazu eine gute Jause (Brotzeit). Die Produkte können auch im angeschlossenen Hofladen erworben werden.

6 **Weingut Aichinger**, Hilkering 12, 4081 Hartkirchen, Tel. 07273 6050, www.weinblick.at, Hofladen: Di.–Fr. 8–12 und 13–18 Uhr, Sa. 8–12 Uhr, Öffnungszeiten des Heurigen am besten online oder telefonisch ermitteln

Für die Altarbilder zeichnete Martino Altomonte verantwortlich, der sich bereits in verschiedenen Linzer Kirchen verewigt hatte, unter anderem in der Ursulinenkirche 11. Sein Sohn Bartolomeo übernahm zusammen mit dem italienischen Architekturmaler Francesco Messenta die Freskierung der Deckengemälde. Seinen ganz besonderen Reiz erhielt der Kirchenraum durch die vielen **Skulpturen** von Heiligen, Engeln und Putti aus weißem Glanzstuck. Sie stammen von den bayerischen Stuckateuren **Johann Michael Feichtmayr** und **Johann Georg Üblhör**, die der berühmten Wessobrunner Schule angehörten und Wilhering zusammen mit dem Münchner Vergolder **Georg Frühholz** zu einem Rokoko-Ensemble der Extraklasse machten. Die Pracht hatte natürlich ihren Preis: Nach der Fertigstellung der Kirche im Jahr 1748 hatte sich ein Schuldenberg von 122.000 Gulden angehäuft, was einem Wert von etwa 10.000 Kühen entsprach.

Mit den beiden bereits erwähnten **Schaunberg-Tumben aus Marmor** rechts und links des Eingangs besitzt die Kirche auch zwei bedeutende **Kunstwerke des Hochmittelalters.** Die hochgotische Marmortumba für Ulrich II. von Schaunberg links zeigt an der Front Apostelfiguren, auf der Grabplatte einen liegenden Ritter. Ein weiterer Ritter ziert den frühgotischen Sarkophag für Wernhard von Schaunberg. An der Seite sind der Gekreuzigte, die Gottesmutter und Heiligenreliefs mit markanten Gesichtszügen dargestellt.

Himmel auf Erden: prachtvolle Deckengemälde und Verzierungen in Sankt Florian

Vom Eingangsbereich führt rechts eine Tür zum **Kreuzgang**, der für Besucher teilweise zugänglich ist. Restaurierungsarbeiten brachten Reste des gotischen Kreuzgangs zutage. Ein Gemäldezyklus zeigt Szenen aus dem Leben **Bernhards von Clairvaux**, des bedeutenden Zisterzienserheiligen.

Im Stiftsgarten kann man im Schatten alter Bäume die Seele baumeln lassen. Derzeit gehören der Klostergemeinschaft der Zisterzienser noch circa 30 Mitglieder an. Das angeschlossene **Stiftsgymnasium** besuchen etwa 500 Schüler.

› Stift Wilhering, Linzer Straße 4, 4073 Wilhering, von Linz am Donauufer über die B 129 erreichbar, Bus 699 von Linz „Obere Donaulände/Nibelungenbrücke“ nach Wilhering „Ortsmitte“, Tel. 07226 23112 (vormittags) oder 07226 2311/14, www.stiftwilhering.at. Kirche und Kreuzgang sind außerhalb der Gottesdienstzeiten ganztägig frei zugänglich. Es finden regelmäßige Gottesdienste und Chorgebete statt. Gruppenführungen werden gegen Voranmeldung angeboten.

34 Sankt Florian ★★★

Über die Person des heiligen Florian weiß man im Allgemeinen und in den katholischen Gefilden im Besonderen, dass es sich um jenen Schutzpatron handelt, der vor Feuer und Katastrophen schützen soll. Insofern ist er kein unbedeutender Heiliger – „Heiliger Florian, verschon mein Haus, zünd and're an“, lautet im Volksmund das nicht allzu christliche Floriansprinzip.

Die wenigsten wissen um die geografische und historische Herkunft des Feuerwehr-Heiligen in Oberösterreich: Florian war einer der **ersten christlichen Märtyrer** Mitteleuropas. Als römischer Amtsvorsteher in Lauriacum – dem heutigen **Lorch bei Enns** 35 – starb er zusammen mit 40 Gefährten im Jahre 304 den Märtyrertod. Der Legende nach stürzte man ihn mit einem Stein beschwert in die Enns. In der Florianikapelle und in einem Deckenfresko der Stiftskirche ist diese Szene veranschaulicht. Unweit des heutigen Sankt Florian

033lz-se

Bayerische Perle an der Donau: Ausflug in die Dreiflüssestadt Passau

Wer von Deutschland aus nach Linz reist, überquert die deutsch-österreichische Grenze häufig bei Passau. Wer die – von Linz etwa 70 Kilometer Luftlinie entfernte – Dreiflüssestadt noch nicht kennt, sollte sie auf keinen Fall „links liegen lassen". Passau zählt nämlich aufgrund seiner einzigartigen Lage und seines fast italienisch anmutenden Stadtbilds zu den schönsten Städten Deutschlands.

Auch die geschichtliche Bedeutung der 50.000 Einwohner zählenden Stadt kann sich sehen lassen: Bis zur Säkularisation 1803 war Passau ein von Bayern unabhängiges Fürstentum. Bereits in vorchristlicher Zeit wurde der Höhenrücken auf der Halbinsel zwischen Donau und Inn im Bereich von Rathaus und Dom von Kelten besiedelt. Für die Römer bedeutete der Ort einen wichtigen Knotenpunkt zur Sicherung des Donau-Limes und sie erbauten in Passau ein Kastell. Die sich im 6. Jahrhundert ansiedelnden Bajuwaren hatten weniger Angst, sich nasse Füße zu holen und siedelten bis hinunter an die Mündung der beiden großen Ströme.

Wer an diesem beeindruckenden Zusammenfluss steht, verwechselt häufig die Donau mit dem Inn. Denn wie kann es sein, dass jener mächtig-breite, graugrüne, von Süden herwallende Strom etwas anderes als die Donau sein könnte? Doch es ist der Inn, der oberflächlich betrachtet die dunkelblaue Donau in sich aufnimmt beziehungsweise überströmt. Allerdings ist die Donau der deutlich tiefere Fluss. Außer während der Schneeschmelze steuert die Donau etwa ähnlich viel Wasser bei, ist auch an diesem Punkt schon länger und insofern liegen folgerichtig auch Linz und Wien nicht am Inn, sondern an der Donau. Doch erst durch die Vereinigung der beiden Flüsse entsteht jener mächtige europäische Strom. Den dritten im Bunde darf man allerdings nicht vergessen, schließlich wird die Stadt nur durch ihn zur Dreiflüssestadt: Vom nördlichen Bayerischen Wald aus kommend, gibt die kleine Ilz ihr tiefschwarzes Wasser in die Donau ab, weshalb der Fluss hinter Passau eine Zeit lang dreifarbig erscheint.

Noch einmal zurück zum bereits erwähnten Wien: Selbst in Österreichs Hauptstadt wissen die wenigsten, dass ihr berühmter Stephansdom sein Patrozinium ursprünglich vom Passauer Stephansdom erhalten hat, denn im Mittelalter reichte der Einflussbereich der Passauer Fürstbischöfe bis nach Wien.

Das Altstadtzentrum Passaus liegt auf der Halbinsel zwischen Inn und Donau. Wer von Österreich auf der Landstraße B 388 auf Passau zufährt, dem erscheint die Stadt wie eine gewaltige Schiffsfestung mitten im Fluss, bekrönt vom schon erwähnten Dom Sankt Stephan. Er wurde äußerlich aufwendig saniert und erstrahlt in hellem Weiß. Der heutige Bau entstand ab Ende des 17. Jahrhunderts und ist eine der mächtigsten Barockkirchen nördlich der Alpen, prächtig ausgestattet mit Stuckarbeiten und Deckenfresken.

Deutlich älter ist das tiefer gelegene Benediktinerinnenkloster Niedernburg, das im Nibelungenlied Erwähnung fand und welches bereits 739, also im frühesten bayerischen Mittelalter, von den Agilolfingern gegründet wurde. Bis heute umfängt die Besucher im

003lz-fo©bergfee

Inneren der Kirche die besondere spirituelle Energie des Ortes. Das hat vermutlich auch mit dem Grab der seligen Gisela zu tun, die bis heute insbesondere von Pilgern aus Ungarn verehrt wird. Schließlich war die bayerische Herzogstochter (ca. 984–1060) als Gemahlin Stephans I. auch Königin von Ungarn und spielte zusammen mit ihrem Gatten bei der Christianisierung Ungarns eine maßgebliche Rolle.

Man lässt sich in der Altstadt am besten einfach durch die engen und malerischen Gassen treiben. Verlaufen kann man sich kaum: Entweder das Inn- oder das Donauufer sind stets in greifbarer Nähe. Ein beliebtes Fotomotiv am Inn ist der kreisrunde Schaiblingsturm auf einem Fels direkt am Wasser. Am gegenüberliegenden Flussufer, direkt an der österreichischen Grenze, befindet sich die Innstadt. Markanter Blickfang ist die auf einer Anhöhe thronende Wallfahrtskirche Mariahilf, die man über eine Wallfahrerstiege mit 321 Stufen erklimmen kann.

Nördlich der Donau befindet sich die Ilzstadt. Auf einem Hügel ragt die mächtige Veste Oberhaus auf. Das Oberhausmuseum Passau entführt im Rahmen von Dauer- und Sonderausstellungen in die Geschichte der Region, wobei der Fokus auf Ostbayern und den Nachbarländern Tschechien und Österreich liegt. Insbesondere die mittelalterliche Geschichte wird anschaulich vor Augen geführt. Unterhalb der Veste Oberhaus und mit dieser durch einen Wehrgang verbunden, thront mit der Veste Niederhaus (in Privatbesitz) zwischen Donau und Ilz eine weitere Burganlage.

So sehr die Lage an den Flüssen für Passau seit Urzeiten ein Segen war, so sehr war sie auch hin und wieder Fluch. Stets wurde die Stadt von schweren Hochwasserkatastrophen heimgesucht. Das letzte Jahrhunderthochwasser ereignete sich 2013, als die Fluten von Inn und Donau bis zum zweiten Stock der Altstadthäuser reichten. Gleichzeitig hat man in Passau aber auch über Jahrhunderte gelernt, mit Hochwasser umzugehen und lässt sich von den wiederkehrenden Fluten nicht unterkriegen.

Passau war immer eine Stadt voller Lebensfreude, ist als Universitätsstadt eine junge niederbayerische Metropole und besitzt ein quirliges Nachtleben, eine Menge Gastronomiebetriebe und etliche Brauereien. Wer sich ein paar Tage, besser noch eine Woche Zeit nimmt, kann hervorragend Passau, das Donautal und Linz mit seiner Umgebung als Gesamtregion bereisen.

wurde der Leichnam angespült und von einer Frau namens Valeria mittels eines Ochsenkarrens zu jenem Begräbnisort geleitet, über dem sich die mächtige Klosteranlage erhebt.

Das genaue Gründungsdatum des Stifts liegt im Dunkeln; um das Jahr 800 tauchen erste Hinweise auf. Dank der Unterstützung durch das Bamberger Kaiserpaar Heinrich II. und seiner Gemahlin Kunigunde sowie der späteren Übereignung an die **Augustiner Chorherren** unter Federführung des Passauer Bischofs Altmann beginnt im 11. Jahrhundert der Aufschwung der Klosteranlage.

Als ein Kirchenneubau im 13. Jahrhundert einstürzte, drohte das Klosterleben in Sankt Florian zum Erliegen zu kommen. Nur durch die Für-

Auf Anton Bruckners Spuren in Linz und Umgebung

Bis heute gehört Anton Bruckner zu den in internationalen Konzerthäusern meist gespielten Komponisten. Insbesondere seine Sinfonien gelten als Meilensteine der klassischen Musik des 19. Jahrhunderts. Der tief gläubige Christ machte sich neben seinen Sinfonien auch durch drei kirchliche Messen – unter ihnen das berühmte „Te Deum" – unsterblich.

Nicht nur in Sankt Florian, sondern im ganzen oberösterreichischen Zentralraum rund um Linz hat er seine Spuren hinterlassen. Geboren wurde Bruckner in der südlich von Linz gelegenen Kleinstadt Ansfelden. Dort steht in der Augustinerstraße 3 bis heute das Geburtshaus, in dem das musikalische Genie als ältestes von zwölf Kindern am 4. September 1824 das Licht der Welt erblickte. Eine Gedenktafel erinnert an dieses für die Musikwelt bedeutende Ereignis. In sechs Räumen wird ein Querschnitt seines Lebens und Œuvres inklusive Tonbeispielen präsentiert.

Im Jahre 1837 kam Bruckner als Sängerknabe in Sankt Florian 34 mit Musik in Berührung. Gleichzeitig begann hier auch seine langjährige Karriere als Kirchenmusiker. Er war zwischen 1845 und 1855 in Sankt Florian Organist. Dabei eignete er sich das Talent der Improvisation an.

Die zweite bedeutende Brucknerorgel, an der er zwischen 1856 und 1868 als Organist spielte, findet man im Alten Dom 3 von Linz. Sie wurde nach den Plänen des Meisters umgebaut und ist bis heute erhalten. Orgelliebhaber sollten sich eins der regelmäßig stattfindenden Konzerte nicht entgehen lassen, um jenem Klang zu lauschen, den Bruckner einst ersann. Zur Orgel führt die Brucknerstiege als begehbare Gedenkstätte zu Ehren des Komponisten. Anhand von Schautafeln und Hörbeispielen wird den Besuchern Leben und Werk des berühmten Linzers näher gebracht.

Zusätzlich wird Bruckner an der Fassade des Doms durch ein Porträtrelief geehrt. Weitere Gedenktafeln befinden sich an der Stadtpfarrkirche 2, in der Hofgasse 23 – hier besuchte Bruckner die Lehrerbildungsanstalt (Präparandie) – und beim Alten Rathaus am Hauptplatz 1. Eine monumentale Büste des Musikers schmückt das Brucknerhaus im Donaupark 21. Es ist außerdem Anziehungspunkt für Klassikliebhaber weit über die Grenzen Oberösterreichs hinaus und das nicht

sprache der Klausnerin (Eremitin) und Mystikerin Wilbirg konnten die Chorherren ermutigt werden, das Werk ein zweites Mal in Angriff zu nehmen und zu vollenden. Bis heute wird sie in Sankt Florian verehrt; in der Krypta hat sie ihre letzte Ruhe gefunden.

Bei genauerer Betrachtung ist Sankt Florian ein weiblich geprägter Kultplatz: Nicht nur die römische Valeria und die selige Wilbirg untermauern dies, sondern insbesondere das Patrozinium der Stiftskirche: Sie ist der **Himmelfahrt Mariens** geweiht. Insofern verwundert es nicht, dass – flankiert von männlichen Beschützern – auch am Hochaltar und in der Bilderwelt der Deckenfresken die Mariensymbolik dominiert.

Ab 1630 wurde die gotische Kirche zunächst barockisiert. Nach dem Wiener Sieg gegen die Türken 1683 entschloss man sich, aus Dankbarkeit gegenüber der Gottesmutter und dem Feuer- und Grenzschutzpatron Florian ein komplett neues Gotteshaus zu errichten. Herausgekommen ist ein **Meisterwerk des Barock**, das in seiner zeitgemäßen Ästhetik Himmel und Erde miteinander verbinden möchte.

Ausgeführt unter anderem vom Mailänder Baumeister Carlo Antonio Carlone und seinem Bruder Giovanni Battista sowie vom Münchner Hofmaler Anton Gumpp und Melchior Steidl, entstand zwischen 1686 und 1715 eine Sinfonie aus Architektur und Farbe. Über die aufwendigen Stuckarbeiten und die harmonische Säulenstruktur wird der Blick automatisch zur Decke gezogen. **Farbenfrohe Fresken** füllen die gesamte Fläche von fast 5000 Quadratmetern aus. In der Kuppel wird Maria von vier Engeln gen Himmel getragen und dort von der Heiligen Dreifaltigkeit gekrönt.

Sehenswert sind neben den Seitenkapellen insbesondere das kunstvoll gearbeitete Chorgestühl und die aus Lilienfelder Marmor gestaltete Kanzel.

Musikliebhaber aus aller Welt zieht noch ein anderes Prunkstück in die Kirche: die **Bruckner-Orgel**. Mit ihren 7386 Pfeifen ist sie ein harmo-

nur während der Linzer Klangwolke. Tragende Säule des Brucknerfests ist das Bruckner Orchester Linz unter der Leitung von Markus Poschner (www.bruckner-orchester.at).

Bis heute wird Bruckners musikalisch-pädagogisches Erbe an der Anton Bruckner Privatuniversität (Hagenstraße 57, www.bruckneruni.at) an 850 Studierende aus aller Welt weitergegeben. Insgesamt 200 renommierte Professoren und Universitätslehrer tragen dabei Sorge dafür, dass große Künstler – in Linz ausgebildet – in die ganze Welt ausgesendet werden, um den Geist des Oberösterreichers und sein Werk auch in Zukunft am Leben zu halten. Der Anton-Bruckner-Sinfoniewanderweg beginnt in Ansfelden, der Geburtsstadt Bruckners, und führt durch idyllische Landschaft auf gut 8 Kilometern über Felder und Wiesen bis zur Begräbnisstätte in Sankt Florian. Anhand von zehn Schautafeln und mittels eines Audioguides erhält man Einblick in sein Leben und Gesamtwerk (nähere Infos unter: www.antonbrucknercentrum.at).

M 7 **Anton-Bruckner-Museum Ansfelden,** Augustinerstraße 3, Ansfelden, Tel. 07229 8712812, www.ooekultur.at/location-detail/anton-bruckner-museum-ansfelden, geöffnet: Apr.–Okt. Sa., So., Feiertag 11–16 Uhr, Eintritt: 2,50 €

nisches Gesamtkunstwerk und ihr Klang begeistert Konzert- und Gottesdienstbesucher seit ihrer Erbauung durch den slowenischen Orgelbauer Franz Xaver Krismann in den Jahren von 1766 bis 1777. Zwischen 1850 und 1855 wirkte Anton Bruckner als Organist. Der weltberühmte Komponist besuchte bis zu seinem Lebensende immer wieder die einstige Wirkungsstätte. Aus Liebe zu Sankt Florian wünschte er sich den Platz unter der Orgel als letzte Ruhestätte. Eine Marmorplatte im Kirchenvorraum mit der Inschrift „Anton Bruckner 1824–1896" markiert die Stelle, unter der sich das Grab des Musikgenies befindet.

Nicht versäumen sollte man auch eine Führung durch die weiteren Räumlichkeiten des Stifts: Präsentiert werden unter anderem die kostbare **Bibliothek**, der wunderschöne **Marmorsaal** von Jakob Prandtauer, die **Kaiserzimmer** und die Gruft mit dem **Bruckner-Sarkophag.**

› Augustiner Chorherrenstift St. Florian, Stiftstraße 1, Anfahrt über die Westautobahn A1 Richtung Wien, Ausfahrt „Asten/St. Florian" oder öffentlich mit Bus 410 von Linz Busterminal (Hauptbahnhof) Richtung Steyr, Haltestelle St. Florian „Gendarmerieplatz", Tel. 07224 89020, www.stift-st-florian.at, Führungen von Mai bis Ende Oktober tägl. 11, 13 und 15 Uhr, einstündige Führung: 11,50 €, Kombiticket mit Kaiserzimmern: 15,50 €, Hörerlebnis Brucknerorgel: 7 € (Live-Orgelkonzert an der Brucknerorgel von Ende Mai bis Ende September täglich außer Di. und Sa. 14.30 Uhr)

Enns besitzt einen der schönsten mittelalterlichen Stadttürme Österreichs

35 Enns ★★★

Das 12.000 Einwohner zählende Städtchen, etwa 20 Kilometer südöstlich von Linz gelegen, bezeichnet sich stolz als älteste Stadt Österreichs. Doch Enns ist nicht nur alt, Enns ist auch ein kunsthistorisches Juwel. Teilweise wird das Altstadtensemble mit komplett erhaltener Stadtmauer sogar als „Siena Österreichs" bezeichnet. Obwohl der Vergleich mit der italienischen Toscana-Stadt etwas weit hergeholt sein mag, ist Enns nicht nur wegen des wunderschönen freistehenden Stadtturms im Zentrum ein lohnendes Ausflugsziel: Auch die Marienkirche mit der gotischen Wallseerkapelle, das Schloss Marchegg und insbesondere die auf römischen Ruinen erbaute Basilika Sankt Laurenz sind einen Besuch wert. Für einen Abstecher nach Enns sollte man sich mindestens einen halben Tag Zeit nehmen.

Man beginnt den Stadtrundgang am besten an der Marienkirche. Vor der Stadtmauer sind im Bereich des Gendarmerieplatzes Parkplätze vorhanden. Über den Hauptplatz mit Stadtturm geht es zunächst zum Schloss Ennsegg und dann weiter zur sich etwas befindenden Kirche Sankt Laurenz. Danach läuft man wieder zurück in die Altstadt und zum Ausgangspunkt. Einen kostenlosen Stadtplan erhält man bei der Touristeninfo gegenüber dem Stadtturm.

i 8 Touristeninformation Enns, Hauptplatz 19, Tel. 07223 82777, www.tse-enns.at. Anfahrt nach Enns: mit dem Pkw über die B1 oder die A1 Richtung Wien, Ausfahrt „Enns", erreichbar. Vom Linzer Hauptbahnhof verkehren Regionalzüge nach Enns Bahnhof (Fahrzeit ca. 20 Minuten).

36 Marienkirche und Wallseerkapelle ★★

Ende des 13. Jahrhunderts ließ sich der Minoritenorden in Enns nieder und gründete hier ein Kloster – einer jener mittelalterlichen Bettelorden, die sich auf das Leben und Wirken des heiligen Franz von Assisi beziehen. Bis zum heutigen Tage spiegelt sich die Philosophie des Ordens in der Kirchenarchitektur wider: Schlichtheit statt Prunk prägt den Kirchenraum.

Außer der Kirche kann auch der hübsche **Kreuzgang** der Klosteranlage aus dem 15. Jahrhundert besichtigt werden. Die Kirche selbst bildet zusammen mit der **Wallseerkapelle** eine architektonische Einheit. Letztere ist ein wahres Meisterwerk der österreichischen Gotik. Ihre Spitzbogen-Konstruktion wirkt leicht und elegant.

Eine der 1625 in **Secco-Technik erschaffenen Malereien** in der Kapelle stellt die Stadtheiligen Markus, Lukas, Florian und Maximilian dar, darüber Gottvater, darunter eine historische Stadtansicht von Enns. Das linke Fresko, die sogenannte Lorcher Bischofsreihe beziehungsweise Bischofsfälschung, präsentiert 22 Porträts von Bischöfen, angefangen mit dem Evangelisten Lukas. Sie geht auf den Passauer Bischof Pilgrim zurück, der das Bistum Passau nach den Wirren der Ungarneinfälle im 10. Jahrhundert als rechtmäßigen Nachfolger des „Urbistums“ Enns/Lorch betrachtete und mit der Bischofsreihe legitimieren wollte. Die gleichen Porträts wurden später auch als Gemälde in der Basilika Sankt Laurenz (s. S. 67) angebracht.

Die sitzende **Madonna** wird um das Jahr 1300 datiert. Beim Betrachten der Skulptur sticht eine künstlerische

034lz-se

Diskrepanz zwischen Muttergottes und dem Jesuskind ins Auge: Da das gotische Kind abhandengekommen ist, wurde es später ersetzt.

37 Stadtturm ★★★

Bereits von der Autobahn aus ist der markante, 60 Meter hohe Stadtturm zu sehen, der das alles überragende **Wahrzeichen der Stadt** darstellt. Seit seiner Fertigstellung im Jahre 1568 symbolisiert er den Bürgerstolz der Ennser Bevölkerung. Dieser ist es auch zu verdanken, dass das frei im Zentrum des Stadtplatzes stehende Schmuckstück 1798 und 1860 nicht abgerissen wurde.

Das Äußere des Turms ist von imposanten **Malereien** geprägt: Auf der repräsentativen Südseite ist unter dem österreichischen Doppeladler eine Sonnenuhr mit lateinischer Inschrift zu sehen, die auf den Bau unter Kaiser Maximilian I. verweist

MEIN TIPP

Übernachten im Stadtturm

Romantische Stunden im historischen Wahrzeichen von Enns gefällig? Das einstmals vom Türmer bewohnte Zimmer im zweiten Stock dient als stilvoll gestaltetes Hotelzimmer inklusive Dusche in der ehemaligen Rauchkuchel (Küche).

9 **turmhotel** €€€, Hauptplatz 1, 4470 Enns, www.turmhotel.at

und die frühchristliche Missionierung der Region von Enns beziehungsweise Lorch aus hervorhebt – angeblich mittels der Evangelisten Lukas und Markus.

Eine Besonderheit der mechanischen **Turmuhr** sind die vertauschten Stunden- und Minutenzeiger – der später installierte Minutenzeiger ist kürzer.

Die **Besteigung des Turms** sollte man sich nicht entgehen lassen. Die Aussichtsplattform entschädigt mit einem fantastischen Ausblick in alle vier Himmelsrichtungen für die Anstrengung: Man sieht ins Mühl- und Waldviertel, Richtung Alpen und auf Linz mit seinem Industrierevier.

Der Turm dient natürlich auch als Glockenturm. Jede Viertelstunde kann man dem Schlagen der Glocken beiwohnen. Ein Hinweisschild warnt sogar vor dem Aufenthalt in unmittelbarer Nähe. Doch keine Angst: Taub wird man nicht, aber erschrecken kann man durchaus.

› geöffnet: Mai–Okt. 8–20, Nov.–April 9–18 Uhr, Eintritt: 2 €

38 Schloss Ennsegg ★

Auf dem Georgenberg, einer kleinen Anhöhe am nordöstlichen Rand der Ennser Altstadt, steht das strahlend weiße **Schloss Ennsegg.** Es wurde im 16. Jahrhundert anstelle eines mittelalterlichen Vorgängerbaus errichtet und beherbergte im Laufe der

Der hübsche Innenhof von Schloss Ennsegg

035lz-se

Geschichte solch namhafte Gäste wie Kaiser Franz Stephan von Lothringen, den Gemahl Maria Theresias, und deren gemeinsame Tochter Marie Antoinette auf ihrem letztlich unheilvollen Weg nach Frankreich. Einige Jahre später machte es sich auch Napoleon Bonaparte während seines Feldzugs durch Europa auf Ennsegg bequem.

Das Schloss dient heute unterschiedlichen Zwecken – unter anderem finden Hochzeiten statt. Die Innenhöfe und der Schlosspark sind frei zugänglich. Es gibt auch ein gutes italienisches Restaurant mit schönem Gastgarten.

› **Ristorante La Tavola** €€-€€€, Schlossgasse 4, Tel. 0676 3434063, www.latavola.at, geöffnet: Mo.–Fr. 18–23 Uhr

39 Basilika Sankt Laurenz (Lorch) ★★★

Die Kirche mit Friedhof auf freiem Feld befindet sich etwas außerhalb der historischen Altstadt im nordwestlich gelegenen Ortsteil Lorch (Fußweg vom Stadtturm circa 15 Minuten).

Der Platz zwischen Gewerbegebiet, Industriegebiet und Feldern hat es kulturhistorisch in sich, ist er doch ein einzigartiges Beispiel dafür, wie sich eine Kultstätte aus keltisch-römischer Zeit und Spuren von der Antike über das Frühchristentum bis hin zu Mittelalter und Neuzeit auf engstem Raum erhalten haben. Unter anderem deshalb ist Sankt Laurenz **eine der bedeutendsten christlich-historischen Stätten** im bayerisch-österreichischen Raum.

Einst befand sich auf dem Areal die römische Siedlung **Lauriacum**, aus deren Namen sich später der Name Lorch entwickelt hat. Das römische Militär- und Handelszentrum zählte circa 30.000 Bewohner und diente der Verteidigung der Provinz Noricum vor den über dem Donau-Limes lebenden Germanenstämmen. Bei Ausgrabungen in der zweiten Hälfte des 20. Jahrhunderts stieß man unter der Kirche auf mächtige **römische Mauerreste**, die bis heute zwischen Kirchenschiff und Chor zu sehen sind. Auch die gewaltigen Steine einer hinter einem Bogen sichtbaren Steinmauer stammen wohl aus römischer Zeit.

Gleich zwei bedeutende katholische Heilige stehen in enger Beziehung zu dem Ort: Der **heilige Florian** und seine Gefährten erlitten hier Anfang des 4. Jahrhunderts den Märtyrertod – bis heute werden ihre Reliquien in der Kirche verehrt (siehe auch Sankt Florian 34). Etwas später soll auch der **heilige Severin**, ein bedeutender christlicher Missionar Bayerns und Österreichs, im frühchristlichen Bistum Lorch Wunder gewirkt haben.

Nicht verwunderlich also, dass auf den antiken Fundamenten eine frühchristliche Basilika entstanden ist. Im Laufe der Jahrhunderte, begleitet von feindlichen Einfällen und epochalen Umbrüchen, entstanden ein romani-

MEIN TIPP

Gutes aus der Region

Der **Ennser Hofladen** – mitten in der Altstadt unweit des Stadtturms – bietet qualitativ hochwertige Produkte von heimischen Produzenten aus der Region. Neben Fleisch, Wurst, Käse und Brot gibt es auch einen hervorragenden Most (vergorener Apfel- und Birnenwein) aus der Gegend und Honig sowie Marmeladen.

10 Ennser Hofladen, Linzer Straße 8, Tel. 07223 80602, www.hofladen-enns.at, geöffnet: Mo., Di., Do. 8–12 Uhr und 14–18 Uhr, Fr. 8–18 Uhr, Mi., Sa. 8–12 Uhr

scher und schließlich der heute erhaltene gotische Bau. Eine mit Fresken verzierte Seitenkapelle beherbergt die **Lorcher Madonna**, ein Meisterwerk aus dem Jahre 1330. Sehenswert sind neben einem gotischen Sakramentshaus unter anderem die beiden **barocken Monumentalgemälde** „Stadt Enns und ihre Schutzheiligen" und „Erzbischöfe von Lorch und Passau" – beides Entsprechungen der Fresken in der Wallseerkapelle 36.

In einer Nische an der Außenwand der Kirche steht die eindrucksvolle Skulptur von Jesus Christus als Schmerzensmann. Nicht weit entfernt davon hat sich auf dem Friedhofsgelände der **Karner** (ehemaliges Beinhaus) erhalten. Auf einem am Karner angebrachten Balkon stehend, erkennt man schon von Weitem zwei Figuren: Es sind Christus und Pontius Pilatus als **Ecce-Homo-Gruppe** (1690). Skurriles Detail: Pilatus ist in der Uniform eines türkischen Großwesirs dargestellt. Einige Jahre davor hatten die Türken Wien belagert, was den Künstler sichtlich inspirierte.

› Weitere Infos im angrenzenden Severinushaus (Museumsshop der Pfarre), Lauriacumstraße 4, Tel. 07223 84010, www.stlaurenz.com, geöffnet: Apr.–Mitte Okt. Mo.–Fr. 6–11.30 Uhr und 14.30–16 Uhr, Führungen siehe Homepage, Eintritt in die Kirche frei

40 KZ-Gedenkstätte Mauthausen

Mauthausen war das größte Konzentrationslager auf österreichischem Boden und einer der schrecklichsten Orte der NS-Terrorherrschaft in Europa. Circa 100.000 Menschen wurden in Mauthausen, Gusen und den kleineren Außenlagern zwischen 1938 und 1945 ermordet. Ein Besuch der Gedenkstätte ist erschütternd und bedrückend, sollte aber unbedingt eingeplant werden.

Schon die Anfahrt ist voller Kontraste: Zunächst passiert man das historische Mauthausen an der Donau mit seiner hübschen Altstadt und fährt danach das Donauhochufer hinauf durch eine idyllische Landschaft mit Weitblick und Streuobstwiesen, ehe urplötzlich auf einer Anhöhe die gespenstisch anmutende Bastion der Unmenschlichkeit auftaucht.

Dass man seitens der SS genau diesen Platz auswählte, liegt einerseits an der zentralen Lage innerhalb der damaligen Ostmark und insbesondere an einem dort befindlichen **Granitsteinbruch**, weshalb von der SS die **„Deutsche Erd- und Steinwerke GmbH"** (**DEST**) gegründet wurde. Man wollte in Mauthausen zwei Fliegen mit einer Klappe schlagen: Zum einen diente die Granitförderung zur Erstellung von Hitlers Prachtbauten – insbesondere für den Ausbau der „Führerstadt" Linz. Zum anderen gab es die klare Vorgabe, die Menschen in Mauthausen durch Arbeit zu vernichten. Mauthausen und das benachbarte **KZ Gusen** wurden zeitweilig als einzige Konzentrationslager mit der **„Lagerstufe III"** betitelt. Dies bedeutete die härtesten Haftbedingungen und eine damit verbundene sehr hohe Todesrate.

Bereits im Jahr von Hitlers Machtergreifung in Österreich trafen am 27. November 1938 die ersten Häftlinge in Mauthausen ein und wurden den Berg hinaufgetrieben. Insgesamt waren in Mauthausen rund **200.000 Menschen inhaftiert**, von denen etwa die Hälfte das Martyrium nicht überlebte. Die schlimmsten Monate erlebte das KZ in den letzten Monaten vor Kriegsende, als das Lager durch

Tausende Häftlinge, die aus den östlichen Lagern nach Mauthausen gebracht wurden, völlig überfüllt war und durch Krankheiten, Hunger und Grausamkeiten der SS täglich Hunderte Menschen zu Tode kamen. Als am **5. Mai 1945** amerikanische Truppen das KZ befreiten, waren die SS-Wachmannschaften längst über alle Berge und überließen die Lagerleitung der Wiener Feuerwehr. Aufgrund von Unterernährung und Krankheiten verstarben Hunderte Häftlinge auch noch nach der Befreiung.

Von der ursprünglichen Bausubstanz ist immer noch genügend vorhanden, um sich bei einem Rundgang einen intensiven Eindruck vom Lagerleben und dem Leid der Menschen zu verschaffen. Es empfiehlt sich, einen Audioguide mitzunehmen. Ausgangspunkt der Besichtigungstour ist das moderne **Besucherzentrum** mit Büchershop und Filmvorführungen. Von hier geht es zunächst einmal außen (!) um die Befestigungsanlage (nicht durch das Tor, welches in den SS-Garagenhof führt). Auf der Wiese unterhalb des Wegs befand sich das sogenannte **Sanitätslager,** auch Russenlager genannt. In Wirklichkeit war es ein Sterbelager, in das Kranke gebracht wurden. Links davon sieht man noch heute den ehemaligen Fußballplatz der SS.

Der Weg führt weiter zur Hangkante des Steinbruchs, in dem die Häftlinge sich nicht selten zu Tode schufteten. Über die **Todesstiege** mussten sie die Granitblöcke nach oben tragen, stets von Aufsehern malträtiert. Eine besondere Perversität der SS-Wachorgane zeigt sich bereits im Namen der sogenannten **„Fallschirmspringerwand":** Hier wurden Hunderte, vor allem jüdische Gefangene in den Tod gestoßen – von den SS-Männern zynischerweise als Fallschirmspringer bezeichnet.

Hier oben über dem Steinbruch befindet sich seit 1949 der **Denkmalpark.** Viele Nationen, die Opfer zu beklagen hatten, errichteten teils monumentale Denkmäler – unter anderem auch die ehemalige DDR mit einem Text von Bertolt Brecht. Eines der jüngeren Mahnmale ist den Sinti und Roma gewidmet. Ein großer siebenarmiger Leuchter erinnert an das Leid der jüdischen Lagerinsassen.

Schließlich geht es durch das **Eingangstor** in das mit elektrisch geladenem Stacheldraht (380 Volt) eingezäunte **Häftlingslager.** Rechts von dem Tor befindet sich die sogenannte **„Klagemauer"**, in der Neuankömmlinge ersten Misshandlungen ausgesetzt waren. Man besichtigt unter anderem die unterschiedlichen **Baracken,** in denen bis zu 2000 Menschen Platz finden mussten, und passiert einen in der Nachkriegszeit angelegten **Friedhof,** ehe man schließlich zum Herzstück der Gedenkstätte, das im ehemaligen Reviergebäude untergebrachte **Museum,** gelangt. Im Erdgeschoss und im Keller informieren zwei Dauerausstellungen über die Ereignisse. Neu eingerichtet wurde auch der **„Raum der Namen"**, in dem an 84.000 namentlich bekannte Todesopfer erinnert wird. Äußerst bedrückend ist auch der weitere Weg vorbei an den **Krematoriumsöfen** und der **Gaskammer.** In ihr wurden 3455 Menschen mit Zyklon B ermordet. Über den Garagenhof kommt man wieder zum Ausgangspunkt der Route. Bis heute wird das Andenken an die Opfer von Mauthausen jährlich am Tag der Befreiung, dem 5. Mai, feierlich zelebriert.

› **Mauthausen Memorial,** Erinnerungsstraße 1, 4310 Mauthausen, Anfahrt:

0371z-se

über die Innbrücke an der Donaulände entlang der Beschilderung folgen oder mit der Bahn bis Mauthausen; mit dem Linienbus bis zur Haltestelle „Linzer Straße/Hauptschule“, von hier beschilderter Fußweg 1,8 Kilometer bergauf, Tel. 07238 22690, www.mauthausen-memorial.at, geöffnet: März–26. Okt. tgl. 9–17.30 Uhr, 27. Okt.–Feb. Di.–So. 9–15.45 Uhr, kostenloser Eintritt.

★11 **Gusen Memorial,** Georgenstraße 6, 4222 Langenstein/Gusen, www.mauthausen-memorial.org/de/Gusen/Das-Konzentrationslager, geöffnet: März–26. Okt. tgl. 9–16.30 Uhr, 27. Okt.–Feb. Di.–So. 9–15.45 Uhr. Etwa vier Kilometer westlich erinnert das Gusen Memorial an das KZ-Außenlager Gusen.

Stift Kremsmünster beherbergt eine Bibliothek mit einzigartigen frühmittelalterlichen Handschriften

Plätschernde Besonderheit: der barocke Fischkalter des Stifts wird bis heute genutzt (s. S. 72)

41 Stift Kremsmünster ★★★

Kunst- und kulturhistorisch ist Kremsmünster einer der bedeutendsten Plätze Oberösterreichs und gleichzeitig eines der ältesten Klöster der Alpenrepublik. Mit dem Tassilokelch beherbergt das Stift zudem eines der wertvollsten Kleinode des frühen Mittelalters.

Das Benediktinerstift Kremsmünster ist nicht nur alt, es ist uralt: Bereits 777 wurde es vom **Bayernherzog Tassilo III.** gegründet – kein Wunder also, dass es bis heute Scharen bayerischer Besucher anzieht, wie die unterhaltsame Touristenführerin zu berichten weiß. Der Vetter Karls des Großen und dem Adelsgeschlecht der Agilolfinger entstammende Tassilo wollte mittels der Klostergründungen seine Einflusssphäre in Österreich sichern und die oftmals slawischen Bewohner zum Christentum bekehren. Vermutlich kamen die ersten Benediktinermönche aus dem noch älteren Mutterkloster Mondsee nach Kremsmünster.

Eindeutig dramatischer, wenngleich nicht historisch verbürgt, präsentiert sich die Gründungslegende: Ihr zufolge soll Tassilos erstgeborener Sohn Gunther bei einem Jagdunfall von einem Eber tödlich verletzt worden sein. Als der Vater den Leichnam des Sohnes fand, sah er im Wald einen Hirsch mit brennenden Kerzen auf dem Geweih und gelobte daraufhin die Gründung des Stifts. Noch heute erinnert in der Stiftskirche das **Gunthergrab** aus dem Jahre 1304 an das Ereignis – es befindet sich unter dem südlichen Läuthaus rechts der Vorhalle. Das prächtige Hochgrab stellt den liegenden Gunther mit Jagdhorn, Speer, Jagdhund und Eber dar und fasziniert durch die edlen Züge des Antlitzes und die friedliche Harmonie der Figurengruppe.

Die **Stiftskirche** im Inneren Stiftshof erreicht man über den monumentalen **Klostervorhof,** den **Wassergraben** und das **Tor** mit der darüber thronenden Statue des Bayernherzogs, der die daneben stehende Statue Kaiser Karls des Großen sogar überragt. Das ursprünglich romanische Gotteshaus wurde wie die meisten Kirchenbauten Oberösterreichs aufwendig **barockisiert.** Sowohl das Hauptschiff als auch die Seitenkapellen sind mit reichen **Freskenmalerei-Szenen** der Kremser Gebrüder Grabenberger aus Altem und Neuem Testament geschmückt. Die Decke

Mein Tipp

Stiftsschank

Seit Jahrhunderten gehört zum bayerisch-österreichischen Klosterleben auch der leibliche Genuss. Diesem kann man sich in der Stiftsschank guten Gewissens hingeben. In dem großen Gewölbe im Klostervorhof werden hervorragende Speisen und Getränke serviert. Neben österreichischen Klassikern – etwa Wiener Schnitzel oder Zwiebelrostbraten – werden raffinierte saisonale und regionale Schmankerl serviert: vom erjagten Fasan über Schwammerlgerichte (Pilzgerichte) und Spargelvariationen bis hin zum Saibling aus dem Fischkalter. Dazu gibt es gute österreichische Tropfen und lokal hergestelltes Bier.

12 [D4] **Stiftsschank** €€, Stift 1, 4550 Kremsmünster, Tel. 07583 7555, www.stiftsschank.at, geöffnet: Mi.–Mo. 10–24 Uhr

036lz-se

der Vorhalle zeigt den Jakobstraum mit der himmlischen Engelsleiter. Engelfiguren sind in der Kirche überhaupt sehr zahlreich: Sie flankieren unter anderem die Seitenaltäre. Entlang des Mittelschiffs sind die Pfeiler mit wertvollen flämischen Bildteppichen verkleidet. Das **Hochaltarbild** von Johann Andreas Wolff (1702) zeigt die Verklärung Christi, den Sockel bildet ein kunstvoll gearbeitetes Tabernakel.

Im Rahmen eines Kremsmünster-Besuchs sollte man auf keinen Fall eine **Führung** durch die weiteren Räumlichkeiten des Stifts versäumen, bergen sie doch Schätze von kunsthistorisch unermesslichem Wert, allen voran den berühmten **Tassilokelch**, der in der Schatzkammer ausgestellt ist. Er erinnert an die Hochzeit des Bayernherzogs mit der Langobardentochter Liutberga und ist insofern ein Bündniskelch. Noch heute wird er von den Benediktinern zweimal jährlich als Messkelch verwendet: am Todestag des Stifters Tassilo (11. Dezember) und am Gründonnerstag.

Des Weiteren durchschreitet man auch den prunkvollen **Kaisersaal** mit Fresken des Münchner Hofmalers Melchior Steidl (1696), dann die wertvolle **Gemäldegalerie** und betritt schließlich die barocke **Stiftsbibliothek** mit ihren einzigartigen frühmittelalterlichen Handschriften, unter ihnen der **Codex Millenarius** (ca. 800), der alle vier Evangelien in lateinischer Sprache beinhaltet.

Eine weitere Besonderheit stellt der sogenannte **Fischkalter** als barockes Zeugnis des weltlichen Klosterlebens dar (im Klostervorhof neben dem Klosterladen) – eine aus fünf gemauerten Becken bestehende, von Säulen umringte und mit Brunnenfiguren und Geweihen geschmückte Anlage, die in Europa ihresgleichen sucht und bis heute in Betrieb ist.

Und als wären dies nicht schon Attraktionen genug, kann Kremsmünster auch noch mit einem der ältesten Hochhäuser Mitteleuropas aufwarten: Gleich hinter dem Stift erhebt sich eine achtstöckige **Sternwarte**, der sogenannte Mathematische Turm, die bereits im 18. Jahrhundert errichtet wurde.

Unrühmliche mediale Bekanntheit erlangte das Stift aufgrund der Aufklärung zahlreicher **Missbrauchsfälle** in Internat und Gymnasium. Eine Gedenktafel erinnert an das Leid der Opfer.

› Stift Kremsmünster, Autobahnabfahrt „Sattledt“, großer Parkplatz vorhanden, vom Linzer Hauptbahnhof aus verkehren Regionalzüge nach Kremsmünster (Fahrzeit ca. 40 Minuten). Ausgangspunkt für Führungen, Info-Point und Verkaufsstelle für Mitbringsel (unter anderem den hauseigenen Stiftswein aus der Wachau) ist der Klosterladen im Klostervorhof: geöffnet Di.–So. 10–16.30 Uhr.

› Es finden regelmäßig **Führungen** statt, entweder durch das Stift mit Tassilokelch oder zur Sternwarte. Die Zeiten erfährt man unter www.stift-kremsmuenster.at/kultur-tourismus/fuehrungen-zeiten-preise oder unter Tel. 07583 5275150. 90-minütige Führungen durch die Kunstsammlungen (inklusive Tassilokelch): tägl. 11.30 und 14 Uhr, Eintritt: 11 €, Kinder 3 €, Familien 19 €, Sternwarte-Führungen: Mai–Okt. tägl. 10 und 14 Uhr, Eintritt: 11 €, Kinder 3 €.

Wer sich auf die Spuren des berühmten Dichters Adalbert Stifter begeben möchte, kann dies auf dem „Adalbert Stifter Kulturweg“ tun:

› www.kremsmuenster.at/46_Adalbert_Stifter_Kulturweg_2

038lz-se

Linz für Kunst- und Museumsfreunde

Selbst wenn es in Linz sonst überhaupt keine anderen historischen Sehenswürdigkeiten gäbe – schon aufgrund seiner hochkarätigen Museen wäre die Donaustadt einen ausgiebigen Besuch wert: Für Liebhaber moderner Kunst führen alle Wege zum futuristischen **Lentos Kunstmuseum** 20 an der Donau und auch die **Landesgalerie** 23 bietet hochkarätige zeitgenössische Kunst. Geschichtsinteressierte wird es ins **Nordico Stadtmuseum** 10 oder ins **Schlossmuseum** 8 ziehen. Für all jene Zeitgenossen, die sich für die digitale Zukunft und alles, was damit zusammenhängt, interessieren, ist das **Ars Electronica Center** 19 natürlich ein absolutes Muss. Ein so geartetes Museum der Zukunft ist österreichweit einzigartig und der „Deep Space" begeistert Jung und Alt. Daneben gibt es noch eine Menge weiterer Museen – vom Cowboy-Museum bis hin zum oberösterreichischen **Literaturmuseum im StifterHaus** 17.

Museen

19 [B2] **Ars Electronica Center – Museum der Zukunft.** Das in Europa einzigartige Museum ist eine Schnittstelle für Kunst, Technik und Gesellschaft mit 3-D-Bildern im „Deep Space" (s. S. 37).

M13 **Cowboy-Museum Fatsy,** Traundorfer Straße 266, Linien 11, 19 „Klettfischerweg", Tel. 791855, www.cowboymuseum.at, geöffnet: Mai–Okt. Sa., So. 13–18 Uhr, Eintritt: 5 € (Kinder 2,50 €). Der mittlerweile verstorbene Entertainer Hans-Jörg „Fatsy" Ratzenböck gründete im Linzer Stadtteil Pichling 1991 ein Museum, das in die Welt der Cowboys und Indianer entführt. 5000 Exponate und das Wissen des Sioux Lakota erwarten die Besucher.

20 [C2] **Lentos Kunstmuseum.** Das moderne Gebäude an der Donau zeigt zeitgenössische Kunst von Weltrang. Regelmäßige Sonderausstellungen (s. S. 39).

10 [D4] **Nordico Stadtmuseum Linz.** Die Geschichte der Donaustadt von den Anfängen bis zur Gegenwart, informativ und unterhaltsam gestaltet (s. S. 26).

M14 [bh] **Pöstlingbergbahn-Museum,** Landgutstraße 19, Linien 3 und 50 (Pöstlingbergbahn) „Mühlkreisbahnhof", Tel. 34007406, www.linzag.at (Suchbegriff „Museum"), geöffnet: 1. März–1. November Sa., So., feiertags 10–16 Uhr, Eintritt: frei. In der ehemaligen Talstation der Pöstlingbergbahn 25 wird über die Geschichte der traditionsreichen Adhäsionsbahn informiert.

8 [B3] **Schlossmuseum Linz.** Auf 18.000 Quadratmetern wird die Geschichte Oberösterreichs dargeboten: von der Vorgeschichte bis zur modernen Technik – wertvolle Kunstwerke inklusive (s. S. 22).

17 [C3] **StifterHaus.** Oberösterreichisches Literaturmuseum. Im ehemaligen Wohnraum Adalbert Stifters ist ein Gedenkzimmer mit der Totenmaske des berühmten Autors untergebracht (s. S. 35).

31 [dj] **voestalpine Stahlwelt.** Erlebniswelt rund um den Stahl, den wichtigsten Wirtschaftsfaktor der Industriestadt Linz (s. S. 54).

M15 [C3] **Zahnmuseum Linz,** Hauptplatz 1, Linien 1, 2, 3 „Hauptplatz", geöffnet: Mo.–Fr. 9–18 Uhr, Eintritt: frei. Nicht nur für Zahnärzte: Einblicke in die Geschichte der Zahnmedizin im Alten Rathaus.

◁ Vorseite: Die Donaulände am Lentos Kunstmuseum 20 ist ein beliebtes Freizeitareal

Galerien

Neun kulturell orientierte Vereine und Institutionen sind im OÖ Kulturquartier im Ursulinenhof (s. S. 27) beheimatet, unter ihnen auch etliche Galerien, die regelmäßig wechselnde Ausstellungen präsentieren. Infos unter: www.ursulinenhof.at.

G16 [D3] **afo – Architekturforum Oberösterreich.** Herbert-Bayer-Platz 1, Linien 1, 2, 3 „Hauptplatz", Tel. 786140, www.afo.at, Ausstellungen geöffnet: Di.–Fr. 15–19 Uhr. Regelmäßig wechselnde Ausstellungen zur öffentlichen Auseinandersetzung über hochwertige Baukultur.

G17 [D5] **Galerie Vereinigung Kunstschaffender Oberösterreich bvoö,** Landeskulturzentrum Ursulinenhof, Landstraße 31, Linien 1, 2, 3 „Taubenmarkt", Tel. 779868, www.diekunstschaffenden.at, geöffnet während Ausstellungen: Mo.–Fr. 14–18, Sa. 13–17 Uhr. Eine der Galerien im Ursulinenhof, wechselnde Ausstellungen regionaler Künstler.

Kunst im öffentlichen Raum

In Linz begegnet man auf Schritt und Tritt Kunstwerken, die für die Allgemeinheit bestimmt sind. Die Bandbreite reicht von einer Vielzahl an christlichen **Marterln** (Bildstöcke) und **Heiligenstatuen** – häufig aus der Zeit des Barock – bis hin zu modernen, zeitgenössischen Kunstwerken im öffentlichen Raum. Selbst an Häuserfassaden und im Umfeld von großen Wohnanlagen entdeckt man Kunstwerke aus unterschiedlichen Epochen.

Zur Stahlstadt Linz passend findet man eine Reihe unterschiedlicher Stahlskulpturen im **Donaupark** 21 zwischen Lentos Museum 20 und Brucknerhaus. Ein besonders auffälliges Kunstwerk ist die Plastik „Strömung" des österreichischen Bildhauers Erwin Reiter (1933–2015), die sich im Bereich des Brucknerhauses befindet. Das Metallkunstwerk in Form einer Welle ist exemplarisch für das Werk des Künstlers. Im Jahre 1977 fand es anlässlich des „Forums Metall" seinen Platz am Donauufer der Stahlstadt. Hier am Donauufer legen auch die Schiffe für die Hafenrundfahrten ab (s. S. 41), welche die Passagiere zur mittlerweile größten **Graffiti-Outdoor-Galerie** schippern.

Auch an anderen Grünflächen begegnet man spannenden Exponaten: etwa in der ausgedehnten Parkanlage am **Freinberg** 28 oder im **Volksgarten** 15.

0391z-se

„Ösi-Oldtimer" im Schlossmuseum 8: ein Steyr Baby Typ 55

Linz für Genießer

Österreichische Städte sind immer auch Städte für Genießer. In Linz ist dies nicht anders. Leib und Seele kommen voll auf ihre Kosten. Die oberösterreichische Küche genießt einen hervorragenden Ruf und die Restaurants bieten meist überdurchschnittliche Qualität. Natürlich darf auch das Kaffeehaus nicht fehlen und in der Donaustadt ist der Genuss eines Stücks Linzer Torte obligatorisch.

Essen und Trinken

Die Vielfalt der österreichischen Küche ist im habsburgischen Vielvölkerstaat des 19. Jahrhunderts begründet. Aus sämtlichen Kronländern zog das Kaiserreich auch sämtliche kulinarischen Finessen an Land. Man ließ sich inspirieren von der ungarischen Küche und entwickelte das Gulasch, zeigte sich offen gegenüber mediterranen Einflüssen und behielt dennoch auch die klassisch überlieferten österreichischen Schmankerl im Programm. Die oberösterreichische Küche ist eng mit der bayerischen verwandt. Auch die böhmische Küche hat in Linz ihre Spuren hinterlassen – schließlich ist es nur ein Katzensprung zur tschechischen Grenze.

Die Speisekarten werden von **Fleischgerichten** dominiert: Der berühmte Schweinsbraten mit Knödel ist einer der Klassiker. Außerdem gibt es die ganze Palette der Hausmannskost: vom klassischen Schnitzel bis zur gerösteten Leber. Auch Fisch erfreut sich an der Donau von jeher großer Beliebtheit: Regionale Vertreter sind beispielsweise Karpfen oder Donauwaller (Wels). Als **Vorspeise** isst

Gastro- und Nightlife-Areale
Bläulich hervorgehobene Bereiche in den Karten kennzeichnen Gebiete mit einem dichten Angebot an Restaurants, Bars, Klubs, Discos etc.

Durstlöscher: Weizenbier auf dem Deck eines Donau-Ausflugsschiffs (s. S. 123)

man gerne eine Suppe, als Nachspeise die beliebten **Mehlspeisen** wie Apfelstrudel oder Palatschinken.

Aber auch **Vegetarier** müssen sich in Linz keine Sorgen um ihre Verköstigung machen. Speziell in der Innenstadt gibt es einige Lokale, die sich auf fleischlose Gerichte spezialisiert haben. Auch die **internationale Küche** hat in Linz längst Einzug gehalten: vom Italiener bis zum Inder ist alles zu finden. Für den **kleinen Hunger** zwischendurch kann man zwischen Leberkässemmel, Döner, Snacks vom Würstelstand oder Asia-Imbiss wählen – alles ist im Stadtzentrum vorhanden.

Ähnlich wie im benachbarten Bayern und Böhmen genießt auch in Oberösterreich der Gerstensaft hohes Ansehen. Wenn möglich sollte man die **regionalen Bierspezialitäten** probieren: beispielsweise das Freistädter oder das Grießkirchner Bier. Aber auch die anderen österreichischen Sorten lassen sich gut trinken.

Wein wird in Linz zwar nicht angebaut, man findet ihn aber auf jeder Speisekarte – schließlich ist die Wachau nicht weit entfernt. Dafür wird rund um die Landeshauptstadt viel **Obstmost** angebaut. Er hat weniger Alkohol als Wein und eignet sich speziell im Sommer mit Mineralwasser aufgespritzt als perfekter Durstlöscher. Apropos: Der Begriff Schorle ist in Österreich eher unüblich. Wer eine Apfelschorle möchte, bestellt einen Apfelsaft gespritzt.

Wie im Rest von Österreich ist es üblich, ein **Trinkgeld** zu geben. Im Gastrobereich sind 10 % des Rechnungsbetrags angemessen.

Hervorhebenswerte Lokale

Österreichische Küche

18 [A2] **die donauwirtinnen** €€, Webergasse 2, Linien 1, 2, 3 „Rudolfstraße", Tel. 737706, www.diedonauwirtinnen.at, geöffnet: Mo.–Fr. 11.30–22 Uhr, feiertags geschlossen. Moderne österreichische Küche mit einer kleinen, aber feinen Auswahl an Gerichten, auch Mittagsmenüs. Klassiker sind die Flammkuchen-Variationen. Gegenüber der Altstadt an der Donau gelegen.

19 [D6] **Josef** €€, Landstraße 49, Linien 1, 2, 3 „Mozartkreuzung", Tel. 773165, www.josef.eu, geöffnet: Mo.–Sa. 10–2 Uhr, So. 9–13 Uhr. Frequentierte Brauereigaststätte an der Landstraße. Besondere Schmankerl: die österreichischen Wirtshaus-Tapas.

20 [C4] **LeBüsch** €€, Graben 24, Linien 1, 2, 3 „Taubenmarkt", Tel. 0670 6044004, https://lebüsch.at, geöffnet: Di.–Sa. 16–24 Uhr. Wo sich einstmals der „Wirt am Graben" befand, existiert heute ein Stadtheuriger der besonderen Art: Neben guten Weinen gibt es raffinierte und exklusive Kreationen für Feinschmecker.

21 [D3] **Linzer Heuriger** €, Lederergasse 15, Linien 1, 2, 3 „Taubenmarkt", Tel. 781517, www.linzer-heuriger.com, geöffnet: Mo.–Fr. 11–22 Uhr. In dem seit 1495 bestehenden Gebäude erhält man deftige Hausmannskost – Spezialität ist

042lz-se

Klassiker der oberösterreichischen Küche: Schweinebraten mit Semmelknödel

Meine Tipps

Lecker vegetarisch

Noch vor ein bis zwei Jahrzehnten hatte man es als Vegetarier in den Linzer Gaststätten ganz und gar nicht leicht; Fleischgerichte dominierten die Speisekarten. Mittlerweile findet man auch in den traditionellen Gaststätten fleischlose Gerichte und es gibt einige vegetarische und vegane Restaurants:

› **die donauwirtinnen** (s. S. 77). Kein rein vegetarisches Lokal, doch Vegetarier werden hier sicher fündig.

22 [D4] **Gelbes Krokodil** €€, OK-Platz 1, Linien 1, 2, 3 „Taubenmarkt", Tel. 784182, www.krokodil.at, geöffnet: Mo.–Fr. 12–22.30 Uhr (15–17 Uhr keine Küche), Sa. 16–22.30, So., feiertags 16–22 Uhr. Das beliebte Restaurant ist spezialisiert auf vegane und vegetarische Gerichte wie Mangold-Kürbis-Lasagne mit Bio-Schafskäse. Daneben gibt es aber auch Fleischgerichte.

Für den späten Hunger

23 [C3] **Leberkas Pepi,** Rathausgasse 3, Linien 1, 2, 3 „Hauptplatz", Tel. 79686820, www.leberkaspepi.at, geöffnet: Mo.–Mi. 9–24, Do. 9–2, Fr., Sa. 9–5 Uhr. Die „Legende in Sachen Leberkas" kennt man mittlerweile von Bayern bis Wien. Den ofenfrischen Leberkäse gibt es in verschiedenen Varianten: von klassisch mit oder ohne Senf über Pizza-Leberkäse bis hin zu pikant mit Chili oder mit Chili und Käse (Autorentipp!). Auch saisonale Kreationen werden offeriert. Entweder genießt man den Leberkäse vor Ort in Scheiben auf dem Teller mit Gebäck oder man wählt den Take-away-Klassiker: die Leberkassemmel.

24 [C4] **Würstelstand am Taubenmarkt,** Taubenmarkt, Linien 1, 2, 3, geöffnet: tägl. 10–23 Uhr. Nachdem der legendäre „Warme Hans" an der Donaubrücke geschlossen hat, treffen sich Nachtschwärmer zu Bosna, Käsekrainer & Co. am ebenfalls zentral gelegenen Taubenmarkt.

Dinner for one

In vielen Linzer Lokalen muss man kein schlechtes Gefühl dabei haben, sein Essen allein einzunehmen. Auch ohne Begleitung bieten unter anderem die folgenden Lokale eine angenehme, ungezwungene Atmosphäre:

› **Café Traxlmayr** (s. S. 81). Österreichische Kaffeehäuser sind geradezu prädestiniert dafür, sie allein aufzusuchen. Man genießt die Atmosphäre oder liest eine Zeitung. Neben den Kaffeehausspezialitäten gibt es auch klassische warme Gerichte.

› **Linzer Heuriger** (s. S. 77). In dem bodenständigen Wirtshaus herrscht eine entspannte, ungezwungene Atmosphäre. Wer höflich fragt, kann sich auch an einem größeren Tisch zu den anwesenden Gästen dazusetzen.

Lokale mit guter Aussicht

Linz bietet etliche Lokale mit tollem Ausblick – allein schon durch seine Anhöhen und Aussichtspunkte über der Donau wie dem Schlossberg, dem Pöstlingberg oder dem Magdalenenberg ist die Stadt prädestiniert für Sommerterrassen mit Weitblick.

› **Schlosscafé** (s. S. 23) Herrliche Sommerterrasse mit Blick auf die Donau und ordentliches Essen.

› **das Schloss – Hebersteins Brasserie** (s. S. 23), gehobenes Restaurant mit wunderbarem Blick über Linz

› **Pöstlingberg Schlössl** (s. S. 79). Vom Aussichtsberg aus genießt man den Weitblick über Stadt und Umland.

der Schweinebraten mit Semmelknödel und Krautsalat. Dazu gibt es Bier, Wein und Most aus der Region. Lauschiger Gastgarten mit alter Kastanie.

25 [ag] **Pöstlingberg Schlössl** €€, Am Pöstlingberg 14, Linie 50 (Pöstlingbergbahn) „Pöstlingberg-Schlössl", Tel. 716633, www.poestlingberg.at, geöffnet: Mo.-Sa. 10-24 Uhr, Küche bis 22 Uhr. Gutbürgerliche österreichische Hausmannskost auf dem Linzer Paradeberg mit großer Aussichtsterrasse und eigenem Hausbier, dem Schlössl-Bräu.

› **Weinstadl Urfahr** (s. S. 53). Gemütliche Heurigenstimmung mit Most, Bier, Wein und österreichischen Schmankerln nahe dem Magdalenenberg 30.

Internationale Küche

26 [D5] **Casa Italiana** €€, Johann-Konrad-Vogel-Straße 7-9, Linien 1, 2, 3 „Mozartkreuzung", Tel. 779922, geöffnet: Di.-Sa. 11-14.30 Uhr und 18-23 Uhr. Gute italienische Küche von hausgemachten Pastavariationen bis hin zu köstlichen Fischspezialitäten. Unbedingt reservieren, da sehr beliebt.

27 [B4] **COOK** €€, Klammstraße 1, Linien 1, 2, 3 „Taubenmarkt", Tel. 781305, www.cook.co.at, geöffnet: Mo. 11.30-14.30 Uhr, Di.-Fr. 11.30-14.30 Uhr und 18-22 Uhr. Eine schräge Mischung aus skandinavischer und asiatischer Küche erwartet die Besucher in diesem angesagten Lokal. Was auf den ersten Blick nicht zusammen zu passen scheint, entpuppt sich als wahre Gaumenfreude.

28 [bj] **Essig's** €€€, www.essigs.at, Linien 27, 12 „Froschberg", nahe Hauptbahnhof, Tel. 770193, www.essigs.at, geöffnet: Di.-Fr. 11-18 Uhr, abends unregelmäßig spezielle Menüabende (Reservierung). Für den besonderen Anlass: Das nach dem Wirtsehepaar benannte Haubenlokal (vergleichbar dem deutschen Sternelokal) bietet Gaumenfreuden voller Raffinesse und Liebe zum Beruf.

Preiskategorien

€	bis 14 Euro
€€	14 bis 21 Euro
€€€	über 21 Euro

Angabe für ein Hauptgericht ohne Getränk. Bei den meisten Lokalen empfiehlt es sich, rechtzeitig einen Tisch zu reservieren.

29 [C3] **Zaffran** €€, Domgasse 6, Linien 1, 2, 3 „Hauptplatz", Tel. 771083, geöffnet: Mi.-Mo. 11.30-14.30 Uhr und 17.30-22 Uhr. Guter und relativ preiswerter Inder mitten im Herzen der Innenstadt. Günstige Mittagsmenüs.

30 [B3] **Zum kleinen Griechen** €€, Hofberg 8, Linien 1, 2, 3 „Hauptplatz", Tel. 782467, www.zumkleinengriechen.at, geöffnet: Mo.-Sa. 11.30-14 Uhr und 18-24 Uhr. Wie der Name schon sagt, handelt es sich um einen kleinen Familienbetrieb, der die Liebe zur mediterranen Küche in der Altstadt umgesetzt hat. Spezialisiert auf Fisch und Krustentiere, Lamm und Steaks.

Imbisse

31 [B3] **Be Right Back,** Hofgasse 12, Linien 1, 2, 3 „Hauptplatz", Tel. 0660 2226868, geöffnet: Mo.-Sa. 11.30-22 Uhr. Kleiner asiatischer Imbiss mit schmackhaften Gerichten, auch Burger.

› **Leberkas Pepi** (s. S. 78)

› **Würstelstand am Taubenmarkt** (s. S. 78)

Cafés, Konditoreien und Kaffeehäuser

32 [D3] **Café Gerberei,** Pfarrplatz 10a, Linien 1, 2, 3 „Hauptplatz", Tel. 0677 61174385, www.gerberei.co.at, geöffnet: Do.-So. 12-19 Uhr. Für viele Linzer das Café mit dem besten Kaffee der

Weltberühmte Linzerin: die Linzer Torte

Trotz all der hochkarätigen Sehenswürdigkeiten wie Mariendom, Pöstlingberg oder den modernen Museen Lentos und Ars Electronica Center verbinden ausländische Touristen die Stadt an der Donau mit nichts so stark wie mit ihrer Torte. Wenngleich der Erfinder der Torte im Dunkel der Zuckerbäckergeschichte bleibt und böse Zungen den Ursprung der Kalorienbombe außerhalb von Linz verorten, geht man im Allgemeinen und in der Donaustadt im Besonderen davon aus, dass die Linzer Torte auch in Linz ihren Ursprung hat.

Ähnliche Torten sind bereits aus dem römischen Imperium bekannt und das erste verbriefte Rezept nennt bereits Linz beim Namen. Es stammt aus dem Jahre 1653, wird im Stiftsarchiv der steirischen Benediktinerabtei Admont aufbewahrt und ist damit das älteste überlieferte Tortenrezept der Welt. Die exotischen Zutaten und Gewürze wie Mandeln, Zimt und Nelken machten die Torte lange Zeit zum Luxusgut, welches sich nur die betuchten Schichten leisten konnten. Einem großen Publikum bekannt gemacht hat die Linzer Torte der aus Franken stammende Johann Konrad Vogel. 1822 kam er nach Linz, konnte das Herz der Zuckerbäckerswitwe Katharina Kreß erobern, ehelichte diese und machte die Torte zum Aushängeschild seines Betriebs. Bereits Mitte des 19. Jahrhunderts trat der Leckerbissen seinen weltweiten Siegeszug an und wurde auch in den USA bekannt.

Es existieren heute etliche Rezepte, die von alteingesessenen Linzer Familien gehütet werden. Über die Frage, in welchem Kaffeehaus beziehungsweise in welcher Konditorei man die beste Linzer Torte serviert bekommt, scheiden sich die Geister. Einer der Platzhirsche und Großproduzent in Sachen Linzer Torte ist die Konditorei Jindrak (s. S. 81), die sich mit ihrer Filiale in der Herrenstraße als Geburtsstätte der Torte betrachtet. Letztlich ist es immer Geschmackssache: Die einen mögen die saftige, andere die trockene Variante.

Manche lieben es eher süß, andere eher fruchtig, manche mit mehr Gewürzen, manche mit weniger. Fast immer kommen die obligatorischen Mandeln und die Ribiselmarmelade (rote Johannisbeermarmelade) als Fruchtschicht zum Einsatz. Außerdem wird die Torte in der Regel als sogenannte Schüsseltorte zubereitet, das heißt, sie wird in einer Schüssel mit Fruchtfüllung und dem markanten Gitter darüber gebacken. Hier ein Rezept für eine „Original Linzer Torte", das die Tourist-Info Linz empfiehlt:

Zutaten

150 g Butter
250 g Mehl (700)
150 g Staubzucker
100 g geröstete Haselnüsse
1 Ei
Gewürze (Vanille, Zitrone, Zimt, Nelkenpulver)
10 g Backpulver
300 g Ribiselmarmelade (rote Johannisbeermarmelade)
ca. 20 g gehobelte Mandeln

Zubereitung

Die Butter und den Zucker verkneten. Das gesiebte, mit dem Backpulver vermischte Mehl, Nüsse, Eier und Gewürze dazukneten. Den fertigen Teig kalt stellen, nach circa 30 Minuten aus dem Kühlschrank nehmen und vierteln. Drei Viertel des Teigs auf ca. 1,5 cm ausrollen (Tortendurchmesser ca. 22 cm) und die Ribiselmarmelade aufstreichen. Den restlichen Teig zu Rollen formen und als Gitter und Rand auf die Marmelade auflegen. Mit Ei bestreichen, am Rand mit gehobelten Mandeln bestreuen. Backzeit 40–45 Minuten bei ca. 190 Grad Celsius.

Stadt. Liebenswerte, leicht alternative Atmosphäre.

33 [C3] **Café Meier,** Pfarrplatz 7, Linien 1, 2, 3 „Hauptplatz", Tel. 778788, www.cafe-meier.at, geöffnet: Mo.–Sa. 8–24 Uhr, So., feiertags 9–24 Uhr. Nettes Café, das sich besonders bei Studenten großer Beliebtheit erfreut. Freundlicher und entspannter Service. Tipp für Langschläfer: Frühstücksangebote gibt es bis 15 Uhr.

34 [C4] **Café Traxlmayr,** Promenade 16, Linien 1, 2, 3 „Taubenmarkt", Tel. 773353, www.cafe-traxlmayr.at, geöffnet: Mo.–Sa. 8–22 Uhr, So. und feiertags 9–19 Uhr, Nov.–März So. bis 19 Uhr. Altehrwürdiges Café in Altwiener Kaffeehaustradition: Sowohl im weitläufigen Inneren als auch auf der großen Sommerterrasse lässt es sich prächtig verweilen, entspannen und dezent „sehen und gesehen werden". Kulinarische Empfehlungen: der Kaiserschmarrn und die hausgemachten Salzburger Nockerln. Natürlich gibt es auch die berühmte Linzer Torte.

35 [C3] **k & k Hofbäckerei Rath,** Pfarrgasse 17, Linien 1, 2, 3 „Taubenmarkt", Tel. 784110, http://kuk-hofbaeckerei.at, geöffnet: Mo.–Fr. 6.30–18.30 Uhr, Sa. 8.30–13 Uhr. Schon die historische Konditoreifassade ist einen Besuch wert. In der kleinen Konditorei gibt es einige Tische. Natürlich dürfen bei einem k & k-Betrieb auch die Porträts der Kaiserfamilie nicht fehlen.

36 [C5] **Konditorei Jindrak,** Herrenstraße 22, Linien 1, 2, 3 „Mozartkreuzung", Tel. 779258, www.linzertorte.at, geöffnet: Mo.–Sa. 8.30–18 Uhr, So. 9–18 Uhr. Angeblich Geburtsstätte der berühmten Linzer Torte (s. S. 80), deshalb sollte man sich diese auch nicht entgehen lassen. Dazu ein großer Brauner (doppelter Mokka mit Sahne oder Milch), eine Melange (Milchkaffee) oder einen Cappuccino.

Linz am Abend

Langweilig wird es in Linz nach Sonnenuntergang auf keinen Fall. Rund um den **Hauptplatz** ❶ ballen sich jede Menge Kneipen und Nachtlokale, in denen es besonders an den Wochenenden rund geht. Dann kann es zu später Stunde auch gerne mal feucht-fröhlich und laut zugehen. Schließlich strömen außer den Linzern auch viele Jugendliche aus dem Umland in die Gassen rechts und links des Hauptplatzes. Aber auch auf der anderen Donauseite, in **Urfahr** ㉔, gibt es etliche Kneipen und Klubs. Wer es etwas ruhiger und gediegener mag, sollte den Lokalen in der **Herrenstraße** [C4/5] Richtung Promenade den Vorzug geben.

Wem am Abend der Sinn eher nach kulturellem Hochgenuss steht – kein Problem: Die Theaterszene in Linz kann sich sehen lassen. Die Darbietungen des **Landestheaters** werden weit über die Grenzen Oberösterreichs gelobt und das **Musiktheater** ⑯ zieht Opernliebhaber an die Donau.

Und wer lieber sein Geld verspielen beziehungsweise vermehren möchte – auch kein Problem: im **Casino** Linz ist beides möglich.

Nachts erstrahlt das Linzer Donauufer in vielen Farben

Nachtleben

Kneipen und Bars

37 [B3] **Barok Belgie,** Hofgasse 14, Linien 1, 2, 3 „Hauptplatz", Tel. 282324, www.facebook.com/Barokbelgielinz, geöffnet: Di.–Sa. 18–4 Uhr. Ein Paradies für Liebhaber belgischer Biere: Mitten in der Altstadt kann man aus circa 40 Biersorten wählen, die auch stilecht in den dafür vorgesehenen Gläsern serviert werden.

🅞38 [B2] **Café Strom,** Kirchengasse 4, https://strom.stwst.at, Linien 1, 2, 3 „Rudolfstraße“, geöffnet: Di.–Sa. 16–1 Uhr. Alternative, gemütliche Kneipe mit einer Unmenge an Grünpflanzen, die den Raum zu einer Mischung aus Kneipe und Gewächshaus machen. Breites Bierangebot. Gehört zum autonomen Kulturzentrum Stadtwerkstatt (s. S. 46).

🅞39 [B3] **Frau Dietrich,** Altstadt 8, Tel. 772774, www.frau-dietrich.at, geöffnet: Mi.–Sa. 17.47–2 Uhr. Für so manchen Nachtschwärmer gilt das Lokal als eine der besten Cocktailbars Österreichs. Nachdem man am Eingang ein Telefon mit Wählscheibe betätigen muss, um Einlass zu bekommen, taucht man danach in die beschwingte Welt der 1920er-Jahre ein. Freundlicher Service und alkoholische Spitzenkreationen.

🅞40 [C1] **Salonschiff Fräulein Florentine,** Urfahrmarktgelände an der Wildbergstraße, Linien 1, 2, 3 „Rudolfstraße“, www.frl-florentine.at, geöffnet: Mo.–Fr. 14–3 Uhr, Sa. 12–3 Uhr, So. 12–1 Uhr. Das Schiff mit Bar, Restaurant und Veranstaltungsort wird von den ehemaligen Betreibern des legendären Rothen Krebses betrieben, dessen Haus dem Hochwasser von 2013 zum Opfer fiel. Man sieht sich als soziale Schnittstelle und Raum für Kultur, Kunst und Kommunikation.

🅞41 [D2] **Sputnik Rockcafe,** Untere Donaulände 16, Linien 1, 2, 3 „Hauptplatz“, Tel. 0664 9451265, www.sputnikrockcafe.at, geöffnet: Di.–Do. 17–24, Fr., Sa. 18–2 Uhr. Beliebte Studentenkneipe gegenüber dem Lentos Kunstmuseum, in der es am Wochenende eng werden kann. Auch Sportübertragungen auf Großleinwand und Konzerte.

🅞42 [C3] **The Old Dubliner,** Hauptplatz 16, Linien 1, 2, 3 „Hauptplatz“, geöffnet: Di.–Do.18–2, Fr., Sa. 18–4 Uhr. Kleiner, gemütlicher Irish Pub, versteckt in einem

Smoker's Guide

2019 trat das umfassende generelle Rauchverbot auch für Gastronomiebetriebe in Kraft. Seither wird öffentlich nur noch im Freien geraucht. Lediglich in als Raucherraum eingerichteten Nebenräumen von Hotels darf noch gequalmt werden, sofern dort keine Speisen und Getränke konsumiert werden.

Zigaretten oder auch **Tschicks** – wie man in Österreich gern sagt – gibt es nicht an jeder Ecke in Zigarettenautomaten zu erwerben. Verkauft werden Tabakprodukte in sogenannten **Trafiken,** staatlich monopolisierten kleinen Geschäften, die daneben auch Zeitschriften und andere diverse Kleinigkeiten verkaufen. Traditionell war und ist die Trafik auch ein Kommunikationsraum für jedermann, in dem man sich über Neuigkeiten in der Nachbarschaft austauscht. Falls die Tabakvorräte nachts ausgehen: Oft verkaufen auch Restaurants und Bars Zigaretten.

080lz-se

Beliebte Kneipe an der Donau: das Café Strom (s. S. 83)

0441z-se

langen, vom Hauptplatz ausgehenden Altstadtgang. Gute Auswahl an Whiskys und neben den irischen Klassikern Guinness und Kilkenny gibt es eine Vielzahl internationaler Biersorten.

Theater und Konzerte

21 [D2] **Brucknerhaus.** Das renommierte Konzerthaus bietet weit mehr als „nur" die Meisterwerke des Namensgebers. Das ganze Jahr über finden Festivals und hochkarätige Konzerte unterschiedlicher Stilrichtungen statt.

16 [D8] **Musiktheater Linz.** Linz besitzt eines der modernsten Opernhäuser Europas. Musikliebhaber aus aller Welt sind begeistert von Akustik, Komfort und der Bandbreite an Opern- und Musical-Inszenierungen.

43 [dh] **Posthof,** Posthofstraße 43, Linie 27 „Posthofstraße", Tel. 781800, www.posthof.at. Einer der wichtigsten kulturellen Hotspots der Stadt: Fast jeden Tag gibt es eine andere Veranstaltung aus den Bereichen Musik, Tanz, Theater, Kleinkunst und Literatur.

44 [B4] **Schauspielhaus an der Promenade (Landestheater),** Promenade

MEIN TIPP

Cinematograph: Kino wie anno dazumal

Eine cineastische Reise in die Vergangenheit, die es nur noch an wenigen Orten gibt: In dem geschichtsträchtigen Haus aus dem 17. Jahrhundert an der Donau mit angeschlossenem Café werden von November bis April zwischen Mittwoch und Sonntag von Georg Kügler historische Filme aus den Jahren 1895 bis 1950 gezeigt. Von Karl Valentin bis Laurel & Hardy reicht das Repertoire.

Mittwochs bis samstags ist das Café ab 17 geöffnet, die Filmvorführung beginnt jeweils um 19.30 Uhr. Am Sonntag ist um 9.30 Uhr Frühstück, um 10.30 Uhr kann das Kino besucht werden. Zu diesem Sonntagsfrühstück wird eine Anmeldung empfohlen. Das aktuelle Programm entnimmt man der Website. Sommerpause zwischen Mai und Oktober.

K 47 [A4] **Cinematograph,** Obere Donaulände 15, Linien 1, 2, 3 „Hauptplatz", Tel. 785603 oder 0680 4420218, www.cafecinematograph.at

39, Linien 1, 2, 3 „Taubenmarkt“, Tel. 76110, www.landestheater-linz.at. Das altehrwürdige Landestheater an der Promenade zählt zu den wichtigsten Bühnen Österreichs. Hier kommen die großen Theaterklassiker ebenso zur Aufführung wie die Werke junger österreichischer Autoren. Das Haus hat mit seinen Produktionen weit über die Region hinaus Aufmerksamkeit erregt.

Kino

45 [dh] **Cineplexx Linz,** Prinz-Eugen-Straße 22, Busse 17, 19, 27 und 73 „Industriezeile“, Tel. 663030, www.cineplexx.at/center/cineplexx-linz. Typisches Multiplexkino.

46 [D4] **Movimento,** OK Platz 1, Linien 1, 2, 3 „Taubenmarkt“, Tel. 784090, www.moviemento.at. Gemeinsam mit dem City-Kino ist es das letzte Uraufführungskino im Linzer Zentrum. Beide Kinos werden vom Verein zur Förderung kommunikativer Kinokultur betrieben. Die Filme werden großteils in Originalfassung mit Untertiteln gezeigt.

48 [C4] **City Kino,** Graben 30, Tel. 776081, www.moviemento.at

Glücksspiel

•**49** [D6] **Casino Linz,** Rainerstraße 2–4, Linien 1, 2, 3 „Bürgerstraße“, Tel. 654487, www.casinos.at/de/linz, geöffnet: Casino tägl. 15–3 Uhr, Jackpot Cafe 10–4 Uhr, 24.12. geschlossen. Casinos Austria eröffnete 1982 in Linz seinen zehnten Spielbetrieb. Gespielt wird neben Roulette, Blackjack und Poker auch an Spielautomaten. Für 27 € erhält man Begrüßungsjetons im Wert von 30 €. Volljährigkeit und amtlicher Lichtbildausweis (Pass oder Führerschein) sind Voraussetzung für einen Casino-Besuch. Eintritt frei. Auf elegante Kleidung sollte geachtet werden.

Linz zum Stöbern und Shoppen

Einkaufsviertel und Shoppingmeilen

Die unangefochtene Einkaufsstraße Nummer 1 in Linz und ganz Oberösterreich ist die **Landstraße** [C4–D6] – genauer gesagt der Teil zwischen der Kreuzung Bürgerstraße und Taubenmarkt. Hier finden sich die großen Modeketten, Flagshipstores und die wichtigsten Kaufhäuser, Passagen und Einkaufszentren, dazwischen aber auch viele kleine individuelle Geschäfte.

Wer es etwas ruhiger, beschaulicher und gediegener mag, wechselt in die parallel westlich verlaufende **Herrenstraße** [C4/5]. Hier und in den kleinen Querstraßen hin zur Landstraße wie der **Bischofstraße** und der **Spittelwiese** gibt es etliche hübsche Läden, auch einige Antiquitätenhändler. Auch rechts der Landstraße kann man shoppen: etwa in der **Mozartstraße** oder im **Graben**, der vom Taubenmarkt in östliche Richtung führt.

Auch in der **Altstadt** rund um den Hauptplatz **1** werden Kauflustige fündig; neben den vielen kulinarischen Adressen gibt es etliche Shops. Wer über die Nibelungenbrücke eine Shopping-Tour nach **Urfahr** **24** plant, wird in der dortigen **Hauptstraße** seinen Spaß haben.

Mit seinen **Märkten** (s. S. 89) holt sich Linz die kulinarischen Köst-

Shoppingareale

Die wichtigsten Shoppingbereiche der Stadt sind im Kartenmaterial mit einer rötlichen Fläche markiert.

046lz-se

lichkeiten des Landes in die Stadt. Jeden Freitag findet am Hauptplatz ein Bauernmarkt mit regionalen Produkten statt. Der größte Grünmarkt Oberösterreichs befindet sich am Südbahnhof.

Passagen, Galerien, Einkaufszentren

50 [D5] **ATRIUM City Center,** Mozartstraße 7, Linien 1, 2, 3 „Mozartkreuzung", Tel. 77021752, www.atrium.cc, geöffnet: Mo.–Fr. 9–18 Uhr, Sa. 9–17 Uhr. Vom internationalen Zeitungsladen über Kunst und Kultur bis zur trendigen Mode für Damen, Herren und Jugendliche gibt es auf 10.000 Quadratmetern überdachter Verkaufsfläche so gut wie alles – neuerdings sogar einen Klosterladen der Linzer Karmeliten. Gastronomieangebote, ein riesiger Fitnesstempel und der Lebensmittelmarkt Merkur runden das Angebot ab.

51 [bg] **Lentia City,** Hauptstraße 54, Linien 1, 2 „Peuerbachstraße", geöffnet: Mo.–Fr. 9–19 Uhr, Sa. 9–18 Uhr, Gastrobetriebe auch sonntags bis 21 Uhr geöffnet, unter der Woche bis 22 Uhr. Großes Einkaufszentrum in Urfahr mit großem Shopping- und Gastronomieangebot.

52 [C4] **Linzerie am Taubenmarkt,** Landstraße 12, Linien 1, 2, 3 „Taubenmarkt", Tel. 793807, https://linzerie.at, geöffnet: Mo.–Fr. 9.30–18 Uhr, Sa. 9.30–17 Uhr, Gastronomie länger und auch sonntags geöffnet. In der Arkade haben sich feine Shoppingadressen und einige angesagte Lokale angesiedelt. Von Mode, Geschirr und Kosmetik bis zu Geschenkartikeln und Blumen findet man in der glasüberdachten Fußgängerzone alles. Daneben gibt es ein gas-

Einkaufsstraße mit netten Geschäften: die Herrenstraße [C4/5]

tronomisches Angebot mit Restaurant, Café, Vinothek, Eiscafé und Bar.

53 [C4] **Passage Linz,** Landstraße 17–25, Linien 1, 2, 3 „Taubenmarkt", Tel. 798180, www.passage.at, geöffnet: Mo.–Fr. 9.30–19 Uhr, Sa. 9.30–18 Uhr. Großes Einkaufscenter der Linzer Innenstadt mit ca. 30 Fachgeschäften auf sieben Etagen: von Mode und Schmuck über Haushaltswaren bis hin zu Technik, Lebensmitteln und Gastronomieangebot.

Mode und Schuhe

54 [C5] **Carla,** Baumbachstraße 3 (während Umbau bis Herbst 2022 Stifterstraße 6), Tel. 76102752, www.caritas-linz.at/hilfe-angebote/shops/carla-second-hand, geöffnet: Mo.–Fr. 9–18, Sa. 9–12 Uhr. Secondhandkleidung und Gebrauchsgegenstände zu günstigen Preisen, der Erlös kommt Bedürftigen zugute.

55 [C4] **Humanic,** Landstraße 9–11, Linien 1, 2, 3 „Taubenmarkt", Tel. 777202, www.humanic.net, geöffnet: Mo.–Fr. 10–18 Uhr, Sa. 10–17 Uhr. Großes österreichisches Schuhgeschäft mit einer riesigen Auswahl an Fußbekleidung; den aktuellen Schuhtrends verpflichtet.

56 [C5] **Kleider machen Leute,** Herrenstraße 14, Linien 1, 2, 3 „Mozartkreuzung" oder „Taubenmarkt", Tel. 942739, kleidermachenleute.at, geöffnet: Mo.–Fr. 10–18.30 Uhr, Sa. 10–17 Uhr. Oberbekleidung von angesagten Labels wie Skunkfunk, Blutsgeschwister, Nümph, Junk de Luxe oder Kuyichi lassen die Herzen von Fashionfans höher schlagen. Daneben gibt es zahlreiche Accessoires wie Taschen, Leggins, Schals oder Gürtel.

57 [C3] **Sisi-Top,** Untere Donaulände 8, Linien 1, 2, 3 „Hauptplatz", Tel. 776173, www.sisi-top.com, geöffnet: Do.–Fr. 10–18 Uhr. Nicht nur für Hipster: Sisi-Top beziehungsweise die Inhaberin Katharina Becker fertigt individuelle Kleidungsstücke und Accessoires an, veredelt die eigenen Lieblingsstücke mit Stickereien nach den persönlichen Vorstellungen und recycelt Gebrauchtes und „Ausgedientes". Auch eine kleine Bar ist angeschlossen.

58 [C4] **Thalbauer Trachten,** Spittelwiese 4, Linien 1, 2, 3 „Taubenmarkt", Tel. 775344, geöffnet: Mo.–Fr. 10–18 Uhr, Sa. 10–16 Uhr. Trachten-Spezialgeschäft mit Modellen aus eigener Erzeugung.

Antiquitäten und Kunst

59 [C5] **Kunsthandel Runge,** Herrenstraße 17, Linien 1, 2, 3 „Mozartkreuzung" oder „Taubenmarkt", Tel. 782444, www.runge.at, geöffnet: Mo.–Fr. 10–18, Sa. 9.30–12 Uhr. Exklusives Antiquitätengeschäft, in dem man alte Möbel und Malereien sowie einzigartige Skulpturen aus unterschiedlichen Jahrhunderten bewundern und erwerben kann.

60 [D4] **Otto Buchinger,** Bethlehemstraße 5, Linien 1, 2, 3 „Taubenmarkt", Tel. 770117, geöffnet: Mo.–Fr. 9–12 und 14–18 Uhr Uhr, Sa. (außer Juli und August) 9.30–18 Uhr. Alteingesessene Galerie und Antiquitätengeschäft, Werke namhafter Künstler.

61 [B4] **Vintage und Design Isolde,** Altstadt 12, Tel. 0650 2833784, https://isolde.design, geöffnet: Mo.–Sa. 10–18 Uhr. In der traditionsreichen ehemaligen Lebensmittel-Markthalle werden exklusive Vintage-Möbel und Designobjekte verkauft.

Bücher und Musik

62 [C4] **Buchhandlung Neugebauer,** Landstraße 1, Am Taubenmarkt, Linien 1, 2, 3 „Taubenmarkt", Tel. 7717660, www.neugebauer.co.at, geöffnet: Mo.–

Fr. 10–18 Uhr, Sa. 10–13 Uhr. Alteingesessene Linzer Buchhandlung.

63 [cf] **records & more,** Pulvermühlstraße 17a, Linien 1, 2 St. Magdalena, Tel. 0699 13103715, www.recordsandmore.at, geöffnet: Do.–Fr. 10–17, Sa. 10–13 Uhr. Ein Traum für Vinylliebhaber: Hier gibt es wahre Schätze zu heben. Für jeden Musikgeschmack ist in dem gut sortierten Plattenladen etwas dabei. Auch Ankauf gut erhaltener, gebrauchter Scheiben. Nebenbei kann man mit den sympathischen Ladenbesitzern ungezwungen plaudern oder Fachwissen austauschen.

Delikatessen, Getränke, Süßes

64 [D4] **Biertempel,** Graben 15, Linien 1, 2, 3 „Taubenmarkt“, Tel. 947878, www.biertempel.at, geöffnet: Mo.–Fr. 10–19 Uhr, Sa. 10–18 Uhr. Liebhaber von Craft Beer und insbesondere belgischen Bieren kommen hier voll auf ihre Kosten. Neben Bier, Cider und Spirituosen gibt es auch eine große Auswahl belgischer Biergläser. Autorentipp: das Trappistenbier Orval!

65 [D7] **Brot & Schokoladenparadies Simader,** Landstraße 101–103, Linien 1, 2, 3 „Goethekreuzung“, Tel. 663846, www.schokoladen.co.at, geöffnet: Mo.–Do. 7–18 Uhr, Fr. 7–13 Uhr. Süße Kindheitserinnerungen gibt es an der Linzer Landstraße seit über 80 Jahren. Viele kleine Konditor- und Bäckermeister sind Zulieferer. Riesenkrapfen mit acht verschiedenen Füllungen, daneben handgeschöpfte Schokoladenvariationen.

66 [C4] **Xocolat,** Herrenstraße 5, Linien 1, 2, 3 „Taubenmarkt“, Tel. 770989, www.xocolat.at, geöffnet: Mo.–Fr. 10–18 Uhr, Sa. 10–17 Uhr. Ein Traum für Schokoladenliebhaber. Große Auswahl an Plantagenschokoladen, feinem Konfekt und kreativen Schokoladenkompositionen.

MEIN TIPP

Der Teesalon von Madame Wu

Im Herzen der Linzer Altstadt findet man den Teesalon von Madame Wu. Ein angenehmer Duft nach Tee, der Klang dezenter Klaviermusik, ein Kamin mit offenem Feuer und der Geschmack von selbstgebackenen Keksen oder leckeren chinesischen Teigtaschen laden zum Verweilen ein. Man kann aus einer großen Anzahl Teesorten wählen, Zeitung lesen, mit Freunden plaudern oder einfach in die Teekultur eintauchen und den Moment genießen. In diesem Ambiente gibt es als wöchentlichen Höhepunkt die Möglichkeit, einer traditionell-chinesischen Teezeremonie beizuwohnen. Im angrenzenden Teegeschäft kann man aus 150 Teesorten, darunter 30 Prozent mit zertifizierter Bio-Qualität, wählen. Daneben gibt es diverse Teeaccessoires und je nach Anlass und Jahreszeit spezielle Geschenkarrangements.

71 [B4] **Madame Wu,** Altstadt 13, Tel. 781718, www.madamewu.at, geöffnet: Di.–Do. 8–20, Fr./Sa. 8–22 Uhr, So., feiertags 10–20 Uhr

Besonderes, Souvenirs, Schmuck

67 [B3] **Donau Stein Design,** Hofgasse 7, Linien 1, 2, 3 „Hauptplatz“, Tel. 790561, Tel. 0650 3737077, www.donausteindesign.at, geöffnet: Mo.–Fr. 10–13 Uhr und 14–18 Uhr. Von Hand gefertigter Schmuck aus Donaukiesel, Granit und andere kreative Kunstwerke wie die Linzer Metall Kugel, eine aus Draht gestaltete Kugel, die von der Kunsthandwerkerin Sieglinde Almesberger entworfen wurde und in Handarbeit hergestellt wird.

68 [C5] **Haut und Seele,** Herrenstraße 18, Linien 1, 2, 3 „Mozartkreuzung“ oder „Taubenmarkt“, Tel. 771712,

www.haut-seele.at, geöffnet: Mo.-Fr. 10-18.30 Uhr, Sa. 9-13 Uhr. Das Unternehmen bietet Naturkosmetik unter dem Motto „Ökologie, Mensch und Tier im Einklang mit modernem Wohlfühlambiente".

69 [C5] **Parfumerie Aschauer,** Spittelwiese 7-13, Linien 1, 2, 3 „Taubenmarkt", Tel. 795694, geöffnet: Mo.-Fr. 9-18, Sa. 9-17 Uhr. Die Parfümerie ist schon aufgrund ihrer wunderschönen Jugendstil-Außenfassade einen Besuch beziehungsweise ein Foto wert. Aber auch im Innern des historischen Gebäudes befindet sich ein Geschäft, das aus der „guten alten Zeit" übriggeblieben zu sein scheint.

Die hübsche Jugendstilfassade der Parfumerie Aschauer

Märkte und Flohmärkte

› **Markt am Hauptplatz** 1. Jeden Dienstag und Freitag wird von 8 bis 12 Uhr am Linzer Hauptplatz der Wochenmarkt abgehalten. Neben Obst und Gemüse werden von Bauern aus der Region Schmankerl angeboten: Käse und Wurst, Honig und vieles mehr.

70 [F5] **Südbahnhofmarkt,** Marktplatz, Busse 12, 17, 19 „Europaplatz", www.suedbahnhofmarkt-linz.at, geöffnet: Mo-Fr. 7-20 Uhr, Sa. 7-18 Uhr (Öffnungszeiten variieren je nach Stand). Größter Grünmarkt Oberösterreichs im Stadtteil Lustenau. 28 fixe Marktstände bieten täglich ihre Waren an. Dienstags, freitags und samstags erweitert sich das regionale Angebot um einen Bauernmarkt mit wechselnden Händlern. Eine herrliche Mischung aus prickelnder Lebendigkeit und oberösterreichischer Gemütlichkeit. Neben Lebensmittelständen auch ein einladendes Gastroangebot.

048lz-se

Linz zum Durchatmen

Romantiker zieht es in Linz traditionell an die Donau oder auf die Anhöhen über der Stadt. Im Sommer lässt es sich am Donauufer des **Donauparks** 21 wunderbar entspannen. Man kann es sich in der Wiese bequem machen und die vorbeiziehenden Schiffe beobachten.

Ein besonders idyllisches Plätzchen ist das **Areal um das Linzer Schloss** 8, insbesondere die Parkanlage hinter den alten Mauern mit wunderbarem Ausblick auf Stadt und Donauschleife. Nicht weniger ansprechend ist die Parkanlage des **Freinbergs** 28 mit der historischen Franz-Josephs-Warte, der kleinen Barbara-Kapelle, etlichen Kunstwerken und vielen alten Bäumen.

Ein Klassiker unter den romantischen Sehenswürdigkeiten ist natürlich der **Pöstlingberg** 26 – allerdings kann es hier oben an sonnigen Wochenenden schon recht betriebsam werden. Wer es ruhiger haben möchte, fährt mit der Straßenbahn zum **Magdalenenberg** 30. Auch von hier genießt man eine herrliche Aussicht über Linz. Die Seele baumeln lassen kann man natürlich auch in den kleinen **Altstadtgassen** rund um den Hauptplatz 1 und auf der **Promenade** 7. Im Café Traxlmayr (s. S. 81) taucht man in die altösterreichische Kaffeehaustradition ein.

Noch ein Tipp: Wie wäre es mit einem Spaziergang durch **Alt-Urfahr** 24

Entspannen in der Parkanlage hinter dem Linzer Schloss 8

Von Hebersteins Brasserie (s. S. 23) genießt man einen wunderbaren Blick über die Türme der Stadt

mit seinen charmanten alten Häusern? Vom Neuen Rathaus geht man dazu in westlicher Richtung über das Steinmetzplatzl zur Ottensheimer Straße und zum Donaustrand Urfahr.

Im dicht verbauten Bahnhofsviertel kann man auf den Parkbänken im **Volksgarten** ⑮ unter Bäumen oder am Brunnen die Seele baumeln lassen. Auch Friedhöfe sind Orte der Ruhe, auf denen man oft lediglich das Gezwitscher der Vögel vernimmt. Einer der bedeutendsten Gottesacker der Stadt ist der **St.-Barbara-Friedhof** südlich der Westbahngleise nahe dem Musiktheater. Hier haben etliche bedeutende Linzer ihre letzte Ruhestätte gefunden, die berühmtesten unter ihnen sind der Dichter Adalbert Stifter und seine Frau Amalie.

•72 [ci] **St.-Barbara-Friedhof,** Friedhofstraße 1, Tel. 654514, www.barbarafriedhof.at, geöffnet: 3. Nov–Feb. 7–16.45 Uhr, März 7–17.45 Uhr, Apr. 7–19.45 Uhr, Okt.–2. Nov. 7–17.45 Uhr, Mai–Aug. 6.30–19.45 Uhr

Ein beliebtes Ausflugsziel und gleichzeitig eine grüne Lunge der Linzer ist das Areal um den **Weiklersee** im Bereich der **Traunmündung.** Das circa 600 Hektar große **Natura 2000 Gebiet Traun-Donauauen** ist ein Europaschutzgebiet und birgt einen großen Reichtum an seltenen Pflanzen – von wilden Orchideen bis zu den fast ausgestorbenen Krebsscheren. Die Vegetation des Schutzgebiets wird durch Grauerlen-, Weiden- und Hartholzauen geprägt. Der Auwald beherbergt auch eine vielfältige Fauna: Wer Glück hat, sieht einen Eisvogel oder einen Schwarzmilan, Grau- und Schwarzspechte oder den Biber. Auch seltene Laubfrösche und Rotbauchunken gehören zur einzigartigen Tierwelt. Der **Stadtwanderweg 6** (s. S. 122) führt in das ökologische Juwel.

•73 **Traun-Donauauen** ✿, Anfahrt mit öffentlichem Nahverkehr: Linie 2 bis Endhaltestelle „Solarcity", von hier zu Fuß in nördlicher Richtung

051lz-se

Zur richtigen Zeit am richtigen Ort

Eine Übersicht über die tagesaktuellen Veranstaltungen findet man im Internet unter www.linztermine.at.

Feiertage

In Österreich gibt es viele Feiertage. Hierzu zählen besonders viele katholische, die sich größtenteils mit denen des Bundeslandes Bayern überschneiden und teilweise auch mit den gesamtdeutschen Feiertagen. Neben dem österreichischen Nationalfeiertag am 26. Oktober ist Mariä Empfängnis am 8. Dezember eine Besonderheit.

- 1. Jänner (Januar): **Neujahr**
- 6. Jänner (Januar): **Dreikönigstag**
- **Karfreitag** (beweglich, zwei Tage vor Ostersonntag)
- **Ostersonntag** und **Ostermontag** (beweglich, Sonntag und Montag nach dem ersten Frühlingsvollmond)
- 1. Mai: **Tag der Arbeit**
- **Christi Himmelfahrt** (beweglich, stets donnerstags, 39 Tage nach Ostersonntag)
- **Pfingstsonntag** und **Pfingstmontag** (beweglich, immer 50 Tage nach Ostersonntag)
- **Fronleichnam** (beweglich, stets donnerstags, 60 Tage nach Ostersonntag)
- 15. August: **Mariä Himmelfahrt**
- 26. Oktober: **Österreichischer Nationalfeiertag**
- 1. November: **Allerheiligen**
- 8. Dezember: **Mariä Empfängnis** (die Geschäfte haben jedoch größtenteils geöffnet)
- 25. Dezember: **Weihnachten** (Christtag)
- 26. Dezember: **Weihnachten** (Stephanitag)

Januar bis März

- **Museum Total** (Febr., www.museum-total.at): An vier aufeinanderfolgenden Tagen kann man mit einem Ticket insgesamt neun Museen besuchen – vom Lentos 20 über das Schlossmuseum 8 bis hin zur voestalpine Stahlwelt 31.
- **NEXTCOMIC Festival** (März, www.nextcomic.org): großes Comicfestival, das an verschiedenen Veranstaltungsorten über die Bühne geht

April bis Juni

- **Crossing Europe Filmfestival** (Apr., www.crossingeurope.at): Jährlich im Frühling widmet sich das Filmfestival dem zeitgenössischen und gesellschaftspolitischen Autorenkino in Europa.
- **Urfahraner Frühlingsmarkt** (Apr./Mai, www.urfahranermarkt.at): Zweimal pro Jahr – bereits seit 1817 – findet auf der nördlichen Donauseite der traditionelle Kirtag mit Fahrgeschäften, Süßwarenständen, Festzelten und Feuerwerk statt und lockt jährlich Hunderttausende über die Nibelungenbrücke 18.
- **Stream Festival** (Frühling, www.stream-festival.at): Das Musikfestival setzt sich mit Zukunftsfragen und Musikprojekten der Gegenwart auseinander.
- **Lange Nacht der Kirchen** (Juni, www.langenachtderkirchen.at): In ganz Österreich öffnen Kirchen nachts ihre Pforten und bieten besondere Einblicke.
- **Linz AG Bubble Days** (Juni, www.bubbledays.at): großes „Remmidemmi" am Linzer Hafen, das besonders bei jüngeren Semestern beliebt ist – von Wassersport über Graffiti-Kunst bis hin zu Hip-Hop- und DJ-Sets.
- **Donau in Flammen** (Juni und weitere Termine, www.donauregion.at): Klangfeuerwerk im Zeichen von Mythen und

Sagen aus der Donauregion. Die Besucher können das Licht- und Klangspektakel im Linzer Umland oder mit der Flotte der Donauschifffahrtsgesellschaft Wurm + Noé (s. S. 41) bestaunen.

- **Ufern** (Juni): Der Urfahraner Donaustrand (gegenüber vom Linzer Schloss 8 zwischen Steinmetzplatzl und Nibelungenbrücke 18) wird von den ansässigen Gastronomen in eine Schmankerlmeile mit etlichen Veranstaltungen verwandelt.

Mein Tipp

Festivals im Brucknerhaus

Das Brucknerhaus im Donaupark 21 ist ein wichtiger Linzer Musiktempel. Das ganze Jahr über finden dort unterschiedliche Musikfestivals statt: Vom Klavier- und Brassfestival über das Festival Weltmusik und das Festival Gitarre bis hin zur berühmten Klangwolke und zum Brucknerfest.

Juli bis September

- **Pflasterspektakel** (Juli, www.pflasterspektakel.at): Das internationale Straßenkünstlerfest gehört bereits seit über 30 Jahren zu den wichtigsten Veranstaltungen in der Donaustadt. Gaukler, Akrobaten, Clowns und Künstler aller Art verwandeln die Linzer Innenstadt in eine fantastische Welt jenseits des Alltags. Eintritt frei, monetärer Applaus für die Künstler erwünscht.
- **Linzer Kronefest** (August, www.kronefest.at): Österreichs größte Boulevardzeitung veranstaltet jährlich das große Musikfestival mit mehreren Bühnen, das Tausende Besucher anzieht.

Im Brucknerhaus im Donaupark 21 findet im Herbst das Brucknerfest statt

050lz-se

- **Ars Electronic Festival** (September, www.aec.at): internationales Festival in Sachen Medienkunst mit Symposien, Ausstellungen, Performances und Konzerten an verschiedenen Orten der Stadt.
- **Linzer Klangwolken** (Sept./Okt., www.klangwolke.at): Die Musikveranstaltungen im Donaupark 21 am Brucknerhaus – bestehend aus visualisierter Klangwolke und klassischer Klangwolke – elektrisieren seit vielen Jahren Tausende Besucher.
- **Brucknerfest** (September/Oktober, www.brucknerfest.at): Seit den 1970er-Jahren eines der bedeutendsten Kulturfestivals Österreichs mit klassischen Konzerten der Spitzenklasse.

Oktober bis Dezember

- **Lange Nacht der Museen** (Oktober, https://langenacht.orf.at): Die unterschiedlichen Museen kann man im Zauber der Nacht entdecken.
- **Urfahraner Herbstmarkt** (Oktober, www.urfahranermarkt.at): neben dem Frühlingsmarkt die zweite Kirtagsveranstaltung am nördlichen Donauufer
- **Adventsmärkte** (Ende November/Dezember): Die gesamte Linzer Innenstadt duftet im Advent nach Glühwein und Keksen und die Straßen sind vorweihnachtlich illuminiert. Märkte sind am Volksgarten beim Musiktheater 16, am Hauptplatz 1 und am Pfarrplatz/Stadtpfarrkirche 2.

Vorweihnachtliche Stimmung: der Christkindlmarkt auf dem Linzer Hauptplatz 1

LINZ VERSTEHEN

052lz-se

Linz – ein Porträt

Wenn man in Österreich von einer wirklich zentral gelegenen Großstadt sprechen kann, dann ist es Linz. Innsbruck und Salzburg liegen im Westen, Wien so weit im Osten, dass die Bundeshauptstadt schon beinahe mit Bratislava kollidiert, und von Graz ist es im Südosten schon nicht mehr weit nach Slowenien. Linz dagegen liegt im **Herzen der Alpenrepublik** – gut zu erreichen aus allen Himmelsrichtungen, speziell von Deutschland aus. Die Alpen sind zwar in Reichweite und doch auch ein Stückchen entfernt.

Die Linzer Landschaft wurde von der **Donau** geschaffen. Durch eine Pforte zwischen **Freinberg** 28 und den südwestlichen Ausläufern des **Pöstlingbergs** 26 strömt sie mit Macht hinein ins **Linzer Becken** und bildet dort ein riesiges gebogenens S. Diese **Flussbiegung** gab ihr wohl auch den Namen: Aus dem alten Wort „Lentos" für „gebogen" wurde im Laufe der Jahrhunderte Linz. Vom schon erwähnten Freinberg mit der Franz-Josephs-Warte hat man den schönsten Überblick über diese Biegung.

Im Gegensatz zur Bundeshauptstadt Wien ist Linz eine **echte Donaustadt**, die den Strom nicht außerhalb des Stadtzentrums verbannt hat. Hier strömt die europäische Lebensader wie eh und je an der Altstadt vorbei. Auf der nördlichen Donauseite, der ehemals eigenständigen Stadt **Urfahr** 24, ist Linz hügelig und bildet mit seinen Anhöhen die südlichen **Ausläufer des Mühlviertels** – jener Region, die sich südlich von Böhmen zwischen Niederbayern und Niederösterreich erstreckt.

Auf der südlich der Donau gelegenen Seite ist Linz – mit Ausnahme von Freinberg, Römerberg, Froschberg und Gugl am westlichen Stadtrand – zu großen Teilen flach und erstreckt sich in südöstlicher Richtung hin zum Donau-Nebenfluss Traun

◁ Vorseite: Die Dreifaltigkeitssäule auf dem Linzer Hauptplatz 1

▽ Blick über die Dächer der Altstadt: links der Alte Dom 3*, rechts der Turm des Landhauses* 6

und zur Westautobahn. Wenn man auf einer Karte die Stadtgrenzen von Linz betrachtet, sticht sofort ins Auge, dass sich die Stadt in ihrer Nord-Süd-Ausdehnung sehr lang gezogen, in ihrer Ost-West-Ausdehnung dagegen eher schmal erweist. Geschuldet ist diese untypische Stadtform den vielen Eingemeindungen im Süden der Stadt. Hier entstanden insbesondere seit dem Siegeszug der großen Industriebetriebe wie der Voest große Wohnsiedlungen für die Werktätigen. Der gesamte Südosten der Stadt besteht aus Hafenanlagen, dem Linzer Chemiepark und den Hochöfen der voestalpine, und prägt die **industrielle Skyline** der Stadt.

Die Sehenswürdigkeiten treten in Linz nicht so offensichtlich vor Augen wie beispielsweise in Salzburg, das in gewisser Weise einem riesigen Freiluftmuseum gleicht. Und doch sind die Schönheiten vorhanden, vielleicht etwas versteckter und dezenter. Man ist aufgefordert, sie selbst zu entdecken und dafür muss man zunächst erst die wenig ansehnlichen äußeren Stadtteile passieren, um in die Innenstadt vorzudringen – außer man gleitet per Schiff nach Linz, sicherlich die schönste Art, von der Stadt begrüßt zu werden. Spätestens, wenn man dann vom **Linzer Schloss** 8 auf **Altstadt** und **Pöstlingberg** 26 blickt, wird einen der **Zauber der Donaustadt** gefangen nehmen.

Die Linzer **Hauptsehenswürdigkeiten** ballen sich fast alle im Bereich zwischen Hauptbahnhof und Donau. Rechts und links von Linz' wichtigster Einkaufsmeile, der Landstraße, prägen sehenswerte Kirchenbauten das Stadtbild. Allen voran der gewaltige Mariendom (Neuer Dom) 13, der im neogotischen Stil errichtet wurde und das größte Gotteshaus Österreichs ist. Das eigentliche Herz der Stadt, die **Altstadt** rund um den prächtigen Hauptplatz 1, wird von Promenade 7 beziehungsweise der Straße Graben im Süden und der Donau im Norden begrenzt und ist vergleichsweise klein und übersichtlich. Dominieren in der Altstadt die historischen Gebäude aus Mittelalter, Renaissance und Barock wie Alter Dom 3, Stadtpfarrkirche 2, Landhaus 6 oder Dreifaltigkeitssäule 1, sind es am Donauufer neben dem Lin-

055lz-se

zer Schloss 8, das architektonisch Mittelalter und Moderne vereint, vor allem die Highlights der jüngeren Geschichte, die Linz zur Kulturhauptstadt gemacht haben: das elegant-futuristische Lentos Kunstmuseum 20 und sein Pendant am gegenüberliegenden Donauufer, das Ars Electronica Center 19. Zu ihrer vollen Pracht gelangen die beiden Gebäude nach Einbruch der Dunkelheit, wenn sie aufwendig illuminiert farbenprächtige Akzente am Donauufer setzen.

Als **Panoramaansicht** lässt sich das Antlitz von Linz von der Nibelungenbrücke 18 aus genießen: Auf der einen Seite das Linzer Schloss 8 und die Türme der Altstadt, auf der anderen Seite das Ars Electronica Center 19 und als Kontrast daneben die hübsche Pfarrkirche von Urfahr 24 sowie hoch über der Stadt der Pöstlingberg 26 mit den beiden charakteristischen Türmen der Wallfahrtskirche.

Moderne Architektur findet sich in Linz allerdings nicht nur an der Donau. Insbesondere das **Bahnhofsareal** hat sich in den vergangenen Jahrzehnten stark verwandelt. Neben dem Hauptbahnhof – übrigens einem der angenehmeren seiner Art – sind repräsentative Hochhäuser entstanden: der 98 Meter hohe Terminal-Tower, der Power Tower der Energie AG und der Wissensturm. Auch der Bau des viel gelobten Musiktheaters 16 hat die Gegend am Bahnhof beziehungsweise Volksgarten deutlich aufgewertet.

Liebhaber visionärer **Industriearchitektur** wird es natürlich zur ehemaligen Tabakfabrik 22 östlich der Altstadt ziehen. In den denkmalgeschützten einstigen Produktionsstätten der Firma Tabakregie entstand ein Kreativ- und Künstlerzentrum. Wer sich für **moderne Kirchenarchitektur** interessiert, sollte der Pfarrkirche zur Heiligen Theresia im Stadtteil Keferfeld einen Besuch abstatten – die ovale Kirche stammt aus den 1960er-Jahren und gilt als Meilenstein der modernen Kirchenarchitektur. Weiteres Highlight moderner Architektur: der futuristische Science Park der Johannes Kepler Universität in Urfahr.

Spätestens seit dem erfolgreichen Klimagipfel von Paris sind **Klimaschutz** und **Umwelttechnik** wieder in aller Munde. Linz ging hier bereits vor Jahren mit einem viel beachteten Vorzeigeprojekt voraus: Im Süden der Stadt befindet sich die **Solar City**, eine Siedlung für 3000 Menschen, die komplett in Niedrigbauweise errichtet worden ist und von der Energie der Sonne gespeist wird.

Linz in Zahlen

- **Gegründet:** 799 erste urkundliche Erwähnung als Linze, bereits 1000 Jahre früher erste nachweisliche Siedlungen
- **Einwohner:** 206.537 (Stand 2021), Ballungsraum: ca. 300.000 Einwohner
- **Ausländeranteil:** 25 % (Menschen aus circa 150 Nationen leben in Linz)
- **Kfz-Kennzeichen:** L (Linz), LL (Linz Land), UU (Urfahr Umgebung)
- **Fläche:** 96 Quadratkilometer
- **Höhe ü. M.:** 266 Meter (Donau), 539 Meter (Pöstlingberg)
- **Nord-Süd-Ausdehnung:** 18,6 km
- **West-Ost-Ausdehnung:** 12,3 km
- **Stadtbezirke:** 16 statistische Bezirke, u. a. Innere Stadt (1), Urfahr (2), Pöstlingberg (3), St. Magdalena (4), Industriegebiet Hafen (14), Pichling (16)

Von den Anfängen bis zur Gegenwart

Frühzeit

Die **Donau** ist seit Jahrtausenden die bedeutendste Lebensader Mittel- und Osteuropas – dementsprechend finden sich an ihren Gestaden auch die Spuren der ältesten Zivilisationen: von frühzeitlichen Besiedelungen am Bogenberg bei Straubing oder in der Wachau bis hin zur March-Mündung bei Bratislava oder zu Ausgrabungen der sogenannten Vinča-Kultur am Donauufer bei Belgrad.

Bereits seit der Jungsteinzeit ist in der Linzer Region menschliches Leben nachgewiesen. Ab circa 400 v. Chr. entstehen auf beiden Seiten der Donau keltische Siedlungen: das **Oppidum von Gründberg** auf dem Gebiet des heutigen Urfahr und eine **Wallanlage auf dem Freinberg** 28 westlich der Altstadt. Letztere nannte sich womöglich bereits in vorrömischer Zeit **Lentos.** Der Name bedeutet „biegsam" beziehungsweise „gekrümmt" und bezieht sich höchstwahrscheinlich auf die Biegung der Donau bei Linz.

Ab etwa 50 n. Chr. gehört das südlich der Donau gelegene **Lentia** zur **römischen Provinz Noricum** und bildet eine wichtige Limes-Grenzbefestigung des Imperiums gegen die germanischen Stämme nördlich der Donau. Es entsteht ein Kastell, das während der Markomannenkriege (166–180) zerstört wird. Dennoch bleibt Linz weiterhin im römischen Einflussbereich. Schon sehr früh ist erstes christliches Leben in der Region nachweisbar – die uralte Basilika Sankt Laurenz in Enns 35 zeugt bis heute davon.

Ab circa 650 n. Chr. lassen sich **bajuwarische Siedler** im Bereich der heutigen voestalpine und der Traunmündung nieder. Gräberfelder mit kunstvoll gestalteten Grabbeigaben bestätigen die Anwesenheit der frühbairischen Donaubewohner. Da die Baiern für die Besiedelung der Linzer Region maßgeblich waren und sich bis heute der bairische Dialekt erhalten hat, besteht bis heute eine enge Verwandtschaft zwischen den Bewohnern der österreichischen Donau und jenen des niederbayerischen Stroms.

Vom Mittelalter bis zur Gegenwart

799: Der Name Linze wird erstmals urkundlich erwähnt; auch die karolingische Martinskirche 9 samt *castrum* (befestigte Siedlung) findet Erwähnung.

906: In der Raffelstettener Zollordnung, welche die Zoll- und Mauterhebungen im fränkisch-bairischen Donauraum (Ostmark) zwischen Passau und Niederösterreich regelt, erscheint Linz als karolingischer Zollort.

1205/06: Linz fällt unter die Herrschaft des österreichischen Adelsgeschlechts der Babenberger und wird unter Herzog Leopold VI. planmäßig ausgebaut: Es entstehen der Hauptplatz 1 und die östlich davon gelegene Stadtpfarrkirche 2. Die mittelalterliche Stadt blüht in der Folgezeit wirtschaftlich auf.

1489–1493: Der habsburgische Kaiser Friedrich III. muss aus Wien fliehen und macht Linz zu seiner Residenz. Damit wird die Stadt kurzzeitig zum Zentrum des Heiligen Römischen Reichs. In der Stadtpfarrkirche 2 werden Herz und Eingeweide bestattet; ein Wappengrabstein legt Zeugnis davon ab.

1497: Unter Maximilian I. erhält Linz das Recht zum Bau einer Donaubrücke – der dritten Österreichs nach Wien und Krems.

Die erste Pferdeeisenbahn wurde 1832 am Magdalenenberg 30 *eröffnet*

1521–1600: Linz wird eines der wichtigsten Zentren der Reformation. 1552 wird ein Lutheraner Stadtoberhaupt.

1571–1574: Anstelle des verwaisten Minoritenklosters entsteht das im Stile der Renaissance errichtete Landhaus 6.

ab 1600: Beginn der Gegenreformation unter Federführung von Jesuiten und Kapuzinern. Im Jahre 1605 trifft den Jesuiten Georg Scherer während einer flammenden Predigt gegen Hexerei auf der Kanzel der Schlag und er stirbt. Ab 1600 wird das Schloss 8 unter Kaiser Rudolf II. massiv ausgebaut.

1612–1626: Der Universalwissenschaftler Johannes Kepler lehrt in Linz Mathematik.

1620–1628: Linz ist an Bayern verpfändet. Während des Oberösterreichischen Bauernkriegs wird die Stadt durch aufständische Bauern unter Führung von Stefan Fadinger neun Wochen lang belagert; Vorstädte gehen in Flammen auf.

ab 1648: Nach Ende des Dreißigjährigen Kriegs wird Linz im großen Stil architektonisch umgestaltet: Das Stadtbild wird barockisiert. Kirchen und Barockklöster entlang der Landstraße prägen bis heute das Stadtbild.

1672: Mit der vom Linzer Bürger Christian Sint gegründeten Wollzeugfabrik entsteht die erste Textilfabrik Österreichs. In ihr arbeiten zeitweilig bis zu 50.000 Menschen; 1969 wurde sie unter Bürgerprotesten abgerissen.

1741/42: Kriegerische Auseinandersetzungen während des Österreichischen Erbfolgekriegs; bayerische und französische Truppen besetzen Linz.

1783: Im Zuge der josephinischen Reformen, welchen Klöster und Kirchenbesitz zum Opfer fielen, wird Linz zum Bistumssitz ernannt.

1800: Ein Großbrand zieht Schloss 8, Landhaus und große Teile der Altstadt arg in Mitleidenschaft.

1832: Mit der Pferdeeisenbahn zwischen Budweis und Linz geht die erste Eisenbahn Europas in Betrieb.

1840: Von Ignaz Mayer wird mit der Linzer Schiffswerft der erste Metall verarbeitende Großbetrieb der Stadt gegründet; gleichzeitig nimmt die Dampfschifffahrt auf der Donau Fahrt auf.

1898: Die Pöstlingbergbahn 25 wird eröffnet.

KURZ & KNAPP

Was Bremen mit Linz verbindet ...

Mittlerweile dürften es viele Bremer nicht mehr kennen, dabei sprach es der Hansestadt einst jenen Status zu, der Bremen noch heute zum eigenständigen Bundesland innerhalb Deutschlands macht: das **Linzer Diplom**, die bedeutendste Urkunde der Stadt. Am 1. Juni 1646 von Kaiser Ferdinand III. in Linz ausgestellt, bestätigte der Kaiser darin die Reichsunmittelbarkeit der Stadt Bremen. Damit war der Grundstein zur Bremer Eigenständigkeit gelegt.

Der wichtigste Abschnitt des Dokuments lautet: „Wir, Ferdinand der Dritte von Gottes Gnaden erwählter Römischer Kaiser [...], bekennen [...], dass die Stadt Bremen von uralten Zeiten her des Heiligen Römischen Reichs unmittelbare freie Reichsstadt gewesen und daher Uns und dem Heiligen Reich allein und ohne Mittlerstelle untertthan ist [...] gegeben auf unserem Schloss zu Linz am 1. Juni im 1646sten Jahr nach Christi, Unseres lieben Herrn und Seligmachers, Geburt."

Das Diplom wurde 1946 von den Sowjets beschlagnahmt und galt als verschollen. 1998 tauchte es in der Bibliothek der armenischen Akademie der Wissenschaften in Eriwan wieder auf, wurde an Deutschland ausgehändigt und befindet sich nun wieder in Bremen.

1919: Das nördlich der Donau gelegene Urfahr 24 wird eingemeindet. Die erste Gemeinderatswahl nach dem Ersten Weltkrieg sorgt in Linz für ein politisches Erdbeben: Die Sozialdemokratische Arbeiterpartei Österreichs löst mit absoluter Mehrheit die Deutschnationalen ab.

1923: Durch weitere Eingemeindungen und Zuwanderung in die bedeutende Industriestadt überspringt Linz erstmals die 100.000-Einwohner-Marke.

1934: Während der Februarkämpfe – dem österreichischen Bürgerkrieg zwischen revolutionärer Arbeiterschaft und Republikanischem Schutzbund auf der einen und Verfechtern des reaktionären Ständestaats und der Heimwehr auf der anderen Seite – sterben in Linz 27 Menschen.

1938: Während seiner sogenannten „Triumphfahrt" von Braunau nach Wien hält Adolf Hitler seine erste Rede auf österreichischem Boden. Er plant Linz als seinen Alterswohnsitz und möchte die Stadt in gigantischem Ausmaß umgestalten (s. S. 102). Linz wird als einzige österreichische Stadt neben München, Berlin, Hamburg und Nürnberg zur Führerstadt ernannt. Die Reichswerke „Hermann Göring" für Erzbergbau und Eisenverhüttung werden gegründet.

1938–1945: 600 Linzer Juden werden aus der Stadt vertrieben, viele von ihnen werden ermordet. Im nahe gelegenen KZ Mauthausen kommen über 100.000 Gefangene ums Leben. Hunderte weitere Morde ereigneten sich im Rahmen des NS-Euthanasieprogramms in der Linzer „Heil- und Pflegeanstalt" Niedernhart. Während der Bombenangriffe zwischen Juli 1944 und April 1945 sterben 1600 Einwohner. Am 5. Mai 1945 treffen amerikanische Panzer auf dem Linzer Hauptplatz ein.

1945–1955: Linz ist eine geteilte Stadt. Der Bereich nördlich der Donau (Urfahr) liegt in der sowjetischen Besatzungszone, der südliche Teil im US-amerikanischen Sektor.

1970–1980: Linz wird mit der Johannes Kepler Universität zur Studenten- und Universitätsstadt. In den 1970er-Jahren entstehen viele Wohnblöcke, um den Wohnungsmangel zu beseitigen. Gleichzeitig werden bedeutende Kulturinstitutionen wie das Brucknerhaus (1974) und das Ars Electronica Festival ins Leben gerufen.

Braune Schatten über der Donau: die „Führerstadt" Linz

Obgleich Linz auf eine jahrtausendealte Geschichte zurückblickt und sich die nationalsozialistischen Jahre zwischen 1938 und 1945 auf den ersten Blick lediglich als Fußnote in der Stadtgeschichte erscheinen, kann man diese acht dunklen Jahre nicht einfach ausblenden – und man tut dies auch nicht, sondern stellt sich seiner Geschichte und ihren bis heute sichtbaren architektonischen Relikten. Adolf Hitler selbst verbrachte seine Jugendjahre in Linz und fühlte sich der Stadt emotional stets verbunden.

Als einzige österreichische Stadt wurde Linz mit dem zweifelhaften Ehrentitel „Führerstadt" ausgezeichnet – ein NS-Prädikat, das außer der Donaustadt nur Berlin, Hamburg, München und Nürnberg für sich in Anspruch nehmen durften. Adolf Hitler persönlich übernahm die Patenschaft für Linz und gedachte die Stadt zu einer nationalsozialistischen Kunst- und Wissenschaftsmetropole auszubauen, um im Alter an der Donau seinen Lebensabend zu verbringen.

Zum Lebensmittelpunkt des späteren „Führers" wurde Linz zwischen 1903 und 1907. Klara Hitler wohnte nach dem Tod ihres Mannes und bis zu ihrem eigenen Ableben 1907 zusammen mit ihren beiden Kindern Paula und Adolf in Linz, wo letzterer seine Jugendzeit verbrachte. Laut eigenem Bekunden war es die glücklichste Zeit seines Lebens, bevor er sich nach dem frühen Tod der Mutter nach Wien aufmachte.

Mit seinem Jugendfreund August Kubizek unternahm er in Linz und Umgebung ausgiebige Wanderungen. Schon damals hatte der spätere Diktator, der laut eigener Aussage lieber Künstler und Architekt geworden wäre, konkrete Pläne für die architektonische Umgestaltung der Stadt. Mit Kubizek verband ihn zudem die gemeinsame Liebe zu Richard Wagner. August Kubizek verfasste nach Kriegsende das Buch „Adolf Hitler, mein Jugendfreund", das unter Historikern als authentische Quelle lange Zeit umstritten war, mittlerweile aber wieder als wichtige Informationsquelle bezüglich der Jugendjahre Adolf Hitlers gilt.

Die weiteren Stationen Hitlers sind bekannt: Wien, München und Berlin. Während des Anschlusses Österreichs an das Deutsche Reich im März 1938 spielte Linz eine bedeutende Rolle: Noch vor der berühmt gewordenen Rede am Wiener Heldenplatz wurde Hitler unter Jubel in Linz empfangen. Bereits davor entwickelte sich seine Fahrt von der Geburtsstadt Braunau aus zu einem Triumphzug durch Oberösterreich. Erst diese Zustimmung seitens der Bevölkerung gaben den Ausschlag, auch den Schritt nach Wien zu wagen, um den Anschluss unter Dach und Fach zu bringen. Nach der Machtergreifung der Nazis wurden Stadtplanung und Wirtschaftsentwicklung in Linz massiv vorangetrieben. Durch großflächige Eingemeindungen und den massiven Aufbau der Industrie wuchs die Bevölkerung der Stadt rasant. Den industriellen Motor bildeten dabei die Hermann-Göring-Werke als Vorläuferbetrieb der heutigen voestalpine 31. Dort setzt man sich in einer Dauerausstellung mit den dunklen Seiten der Werksgeschichte auseinander.

Bis heute ist die nationalsozialistische Vergangenheit auch im Linzer Stadtbild präsent: So entstanden große Wohnsiedlungen wie beispielsweise die Keferfeldsiedlung oder die Siedlung Bindermichl als Wohnstätten für die Werksangehörigen der Hermann-Göring-Werke im Süden von Linz; nördlich der Donau erinnern in Urfahr 24 die Harbachsiedlung und die Karlhofsiedlung an der Leonfeldner Straße an den nationalsozialistischen Wohnbau, westlich der Innenstadt die Siedlung am Froschberg.

Zusammen mit den beiden Konzentrationslagern Mauthausen 40 und Gusen sowie der Euthanasie-Tötungsanstalt Schloss Hartheim wurde der Großraum Linz zum Zentrum der Verfolgung und Vernichtung von Zwangsarbeitern und Minderheiten in der ehemaligen Ostmark.

Verteilt über ganz Linz findet man noch heute Erinnerungsorte und architektonische Spuren – auch im Herzen der Altstadt: Vom Balkon des Alten Rathauses am Hauptplatz 1 verkündete Adolf Hitler am 12. März 1938 den Anschluss Österreichs an das Deutsche Reich – wie zuvor erwähnt noch vor seiner historischen Rede auf dem Wiener Heldenplatz. Für das jüdische Kaufhaus „Kraus & Schober“ am Hauptplatz 27 bedeutete dieses Ereignis den Anfang vom Ende: Es wurde enteignet beziehungsweise arisiert. Die relativ kleine jüdische Gemeinde, bestehend aus circa 600 Mitgliedern, wurde massiv verfolgt und vertrieben. In der Reichspogromnacht vom 9. auf den 10. November 1938 ging die Synagoge in der Bethlehemstraße in Flammen auf. Seit 1968 steht dort wieder ein jüdisches Gebetshaus.

Die augenfälligsten Relikte nationalsozialistischer Architektur am Hauptplatz sind die beiden Brückenkopfgebäude, die im Rahmen des Neubaus der Nibelungenbrücke 18 entstanden sind. Doch auch unter dem Hauptplatz sind Zeugnisse des Dritten Reichs verborgen: Schon bestehende unterirdische Kelleranlagen wurden zu einem gewaltigen Stollensystem für den Luftschutz ausgebaut. Den Limonistollen kann man im Rahmen von Führungen besichtigen (s. S. 124).

Am Fuße des Bauernbergs, in der Nähe des Botanischen Gartens 29, befand sich ab 1944 das KZ Linz II als Außenlager von Mauthausen. Die Häftlinge leisteten beim Bau der Luftschutzstollen Schwerstarbeit. Die KZ-Außenlager I und III waren den Hermann-Göring-Werken angegliedert. Im Rahmen von Luftangriffen 1944 kamen 150 Häftlinge ums Leben.

Im Zuge des Euthanasieprogramms wurde sogenanntes „minderwertiges Leben“ nicht nur in Schloss Hartheim bei Alkoven, sondern auch in der „Heil- und Pflegeanstalt“ Niedernhart ausgelöscht. Heute befindet sich hier die Landesnervenklinik Wagner-Jauregg.

An zwei Linzer Widerstandskämpfer sei stellvertretend für viele andere erinnert: An den christlichen Kriegsdienstverweigerer und Seligen der katholischen Kirche, Franz Jägerstätter (s. S. 32), erinnert ein Denkmal im Inneren des Mariendoms 13. Zu Ehren des sozialdemokratischen Landesparteisekretärs und Führers des Republikanischen Schutzbundes in Oberösterreich, Richard Bernaschek, der 1944 im KZ Mauthausen ermordet wurde, ist der Bernaschekplatz benannt, an dem 1988 ein Mahnmal gegen den Nationalsozialismus errichtet wurde.

› Das Faltblatt „Linz Verändert Geschichte – Erinnerungsorte, Ausstellungen und Gedenkstätten zu den Jahren 1934–1955“, in dem auch die Februarkämpfe 1934 (Österreichischer Bürgerkrieg) und die Nachkriegsgeschichte in Linz thematisiert werden, ist bei der Tourist-Info am Hauptplatz (s. S. 113) erhältlich.

1999–2009: Mit dem Ars Electronica Center 19 und dem futuristischen Lentos Kunstmuseum 20 wird Linz endgültig zu einer österreichischen Kulturmetropole. 2009 ist die Stadt Kulturhauptstadt Europas. Gleichzeitig macht sich Linz als umweltfreundliche Stadt einen Ruf und wirft das graue Industriestadt-Image ab. Zwischen 1999 und 2005 entstehen in der Solar City 1300 ökologisch konzipierte Wohnungen.

2013: Mit dem Musiktheater 16 in Bahnhofsnähe erhält Linz eines der modernsten Opernhäuser Europas.

2021: Im August wird die „Neue Eisenbahnbrücke" über die Donau feierlich eröffnet. Sie ist allerdings eine reine Straßenbrücke.

Leben in der Stadt

Linz ist die **Landeshauptstadt Oberösterreichs** und nach Wien und Graz mit ca. 207.000 Einwohnern die **drittgrößte Stadt Österreichs** – weit vor Innsbruck und Salzburg. Linz liegt zwar zwischen Wien und Salzburg, unterscheidet sich aber, was die Mentalität betrifft, deutlich von den beiden Städten. Im Vergleich zum manchmal als etwas hochnäsig empfundenen Charakter der Mozartstadt Salzburg und der Metropole Wien wirkt das Linzer Naturell angenehm bescheiden, natürlich und ehrlich. Möchte man die Linzer Mentalität beschreiben, so kann man sie wohl am ehesten eine Mischung aus niederbayerischer Direktheit und österreichischem Charme nennen – gewürzt mit einer Prise proletarischen Arbeiterstolzes.

So kontrastreich das Stadtbild ist, so kontrastreich ist auch seine **Bevölkerung:** Die Linzer sind heimatverbunden und weltoffen zugleich – mancher natürlich eher das eine und mancher das andere. Generell existiert in der multikulturellen Stadt ein

Skyline des Linzer Industriegebiets mit den Gipfeln der Alpen im Hintergrund

054lz-fo©Gina_Sanders

Klima nach dem Motto **„Leben und leben lassen“.** In Linz leben Menschen aus aller Herren Länder im Großen und Ganzen friedlich zusammen, auch wenn es wie in jeder Großstadt zu Reibereien und Konflikten kommt.

Trotz der lieb gewonnenen oberösterreichisch-ländlichen Traditionen und des katholischen Brauchtums war und ist Linz auch seit jeher eine Stadt des gesellschaftlichen Wandels und des Fortschritts. War der **Fortschritt** im 19. und 20. Jahrhundert in erster Linie ein **industrieller,** so hat sich Linz als **UNESCO City of Media Arts** (s. r.) spätestens im 21. Jahrhundert zu einem österreichischen Vorreiter in Sachen **Kunst und Kreativität** entwickelt. Die Stadt hat sich auch seit Jahrzehnten seinen wilden **Underground** erhalten: Bereits in den 1980er-Jahren gastierten angesagte englische Szene-Bands teilweise lieber in Linz als in Wien. Die Stadt ist durch ihre **Universität** jung und quirlig, speziell an Wochenenden tobt in der Altstadt das Nachtleben. Als oberösterreichischer Magnet ist Linz natürlich auch eine bedeutende **Einkaufsstadt** – insbesondere in der Landstraße schlagen die Herzen von Shoppingfans höher.

Im Gegensatz zum konservativ geprägten Umland gilt Linz seit jeher als **„rote“ Stadt.** Während sich die zweitgrößte oberösterreichische Stadt Wels 2015 für einen Bürgermeister der rechtspopulistischen FPÖ entschieden hat (2021 wiedergewählt), wird Linz weiterhin von einem Sozialdemokraten regiert: **Bürgermeister** ist der gebürtige Linzer **Klaus Luger.**

Speziell in **umweltpolitischer Hinsicht** hat sich in Linz einiges getan: Galt die Industriestadt bis in die 1980er-Jahre noch als eine der ungesündesten Großstädte Österreichs, so kann man die **Linzer Luft** mittlerweile bedenkenlos atmen. Die vielen Grünflächen rechts und links der Donau tragen ihren Teil zur Lebensqualität bei. Diese hat aber ihren Preis: Leider ist auch Linz von den in die Höhe strebenden Mietpreisen nicht verschont. So können sich Normalbürger Gegenden wie jene unterhalb des Pöstlingbergs oder am Römerberg westlich der Altstadt kaum noch leisten und müssen in die äußeren Vorstädte ausweichen.

Generell hat die Umgebung von Linz einen hohen Freizeitwert. Die Städter unternehmen gern Ausflüge ins Mühlviertel oder in die nahen Alpen. Auch die Wachau oder die bayerischen Städte bieten sich für einen Kurztripp an. Wer als Tourist nach Linz kommt, hat stets das Gefühl, mit **liebenswerter und ehrlicher Gastfreundschaft** empfangen zu werden.

Um noch einmal auf den Linzer Geist zurückzukommen: Er ist ein bisschen wie jener der Donau, verbindet Ost und West, ist stets im Fluss und quicklebendig. **Linz verändert** – so lautet der Werbespruch der Linzer Touristiker. Vermutlich hat er nicht so Unrecht. Ausprobieren lohnt sich!

Linz als „UNESCO City of Media Arts“

Linz ist Teil des Netzwerks „Creative Cities“ der UNESCO und trägt offiziell den Titel „UNESCO City of Media Arts“. Man ruht sich an der Donau aber nicht auf den Lorbeeren aus – im Gegenteil: Mit Volldampf wird in der Stadt an der künstlerisch-kreativen Zukunft gearbeitet, sodass man seitens der Linzer Touristiker in den kommenden Jahren touristisch ganz auf die Highlights in diesem Bereich setzt.

Mit dem Ritterschlag würdigt die UNESCO zukunftsorientierte Städte, die sich im Bereich Medienkunst besonders auszeichnen. Damit steht die Donaustadt in einer Reihe mit Metropolen wie Lyon, Sapporo und Tel Aviv. Zur Auszeichnung beigetragen haben die vielfältigen Neuerungen der Stadt auf dem Weg hin zum Kulturhauptstadtjahr 2009 und die dadurch angestoßenen Innovationen.

Mittlerweile geht es den Verantwortlichen darum, nicht nur die Früchte zu ernten, sondern neue Projekte voranzutreiben und die unterschiedlichsten Akteure mit ins Boot zu holen. Neben den großen Kulturinstitutionen wie dem Ars Electronica Center 19 werden unter anderem Universitäten, das Landestheater, Vereine und Einzelpersonen mit eingebunden und untereinander vernetzt.

Ein wesentliches Aushängeschild wird in Zukunft die weltbekannte Medienkünstlerin **VALIE EXPORT** sein. Als Waltraud Lehner 1940 in Linz geboren, erlangte sie in den 1960er-Jahren unter ihrem Künstlernamen allgemeine Bekanntheit als Vertreterin des Wiener Aktionismus, Vorreiterin des österreichischen Feminismus und Filmemacherin. Ihre bewegenden Ausstellungen ziehen seit Jahren Tausende Besucher in die berühmtesten Museen der Welt.

2015 kaufte das **Lentos Kunstmuseum** 20 das **VALIE EXPORT Archiv,** bestehend aus Kunstwerken, Skizzen und Archivmaterialien der Künstlerin. Gleichzeitig legte die Stadt Linz den Grundstein für das **VALIE EXPORT Center,** das als internationale Forschungsstätte für Medien- und Performancekunst dienen soll. Es ist in der **Tabakfabrik** 22 beheimatet: Das revitalisierte Industriedenkmal hat sich als Hotspot in Sachen Kunst, Kultur, Kreativität und Unterhaltung etabliert.

Eine Vorreiterrolle in der UNESCO-City wird auch weiterhin dem **Ars Electronica Center** zukommen. Mit dem Ars Electronica Festival, dem Medienkunstpreis Prix Ars Electronica und dem Medienlabor Ars Electronica Futurelab gehört man schon lange zu den wichtigsten Architekten des neuen Linz.

Das Programm-Magazin **Update** erscheint vierteljährlich und informiert über aktuelle Ausstellungen und Veranstaltungen. Es ist kostenlos an der Kassa im Ars Electronica Center erhältlich und kann über dessen Internetseite heruntergeladen werden (http://ars.electronica.art/center/de/update).

Auch das **Offene Kulturhaus (OK)** mit seinen vielbesuchten Ausstellungen und die **voestalpine Stahlwelt** 31 werden ihren Beitrag leisten, dass sich Linz den „UNESCO-Orden“ auch in den kommenden Jahren mit Stolz ans Revers heften kann.

Profitieren werden davon nicht zuletzt die auswärtigen Besucher der Stadt, die den futuristischen Geist der Stadt auf Schritt und Tritt erleben sollen – egal ob in den modernen Museen, beim Besuch der **Linzer Klangwolken** (s. S. 94) oder im Rahmen einer Donauschifffahrt: Im Linzer Hafen wurde mit dem **Mural Harbor** 32 eine Streetart-Outdoor-Galerie zur europaweit größten ihrer Art erweitert. Mittlerweile existieren mehr als 300 Bilder von Künstlern aus 35 Ländern (Infos: www.cityofmediaarts.at).

PRAKTISCHE REISETIPPS

056lz-se

An- und Rückreise

Mit dem Flugzeug

Der Linzer Flughafen **Linz Airport** befindet sich außerhalb der Stadt im Südwesten von Linz. Durch Lufthansa (www.lufthansa.com) und Eurowings (www.eurowings.com) ist Linz an die internationalen Drehkreuze Düsseldorf und Frankfurt angebunden.

Eine Taxifahrt ins Zentrum kostet etwa 35 €. Die Bahn (www.oebb.at) fährt stündlich vom Hauptbahnhof zum Bahnhof Hörsching (Fahrtdauer: 11 Minuten). Von dort verkehrt ein kostenloser Shuttlebus (Tel. 0043 72216000) von und zum Flughafen. Zudem existiert auch der Flughafenbus 601 zwischen Airport und Hauptbahnhof (www.linz-airport.com/de/Passagiere-Besucher/An-und-Abreise/Öffentliche-Verkehrsmittel).

058lz-lt©bin

Linz besitzt mit dem Linz Airport einen kleinen Flughafen

Vorseite: Spiel und Spaß sind in Linz garantiert

•74 **Linz Airport,** Flughafenstraße 1, 4063 Hörsching, Tel. 0043 72216000, www.linz-airport.at

Mit dem Auto

Wer von Deutschland und der Schweiz aus mit dem Auto anreist, kommt entweder über **München und Salzburg** (über die deutsche A8 und die österreichische Westautobahn A1, Fahrtrichtung Wien) oder über **Passau** (über die deutsche A3, die österreichische Innkreisautobahn A8/A25 und ein kurzes Stück Westautobahn A1) nach Linz. Die Autobahnabfahrt ist **„Linz/Zentrum“.** Wer von Passau aus anreist, kann alternativ auch mautfrei und landschaftlich reizvoll entlang der Donau über die **Bundesstraße** (B130/B129) fahren.

Reisende aus Prag/Freistadt erreichen Linz über die **Mühlkreisautobahn A7,** Abfahrt „Linz/Hafenstraße“. Von Süden (Steiermark, Slowenien) aus kommt man über die A9 und die Westautobahn A1 nach Linz. Ebenfalls über die A1 erreicht man Linz von Wien aus.

Mit der Bahn

In weniger als drei Stunden fährt man mit dem ÖBB-Hochgeschwindigkeitszug **railjet** vom Münchner Hauptbahnhof zum **Linzer Hauptbahnhof.** Von Wien aus braucht man mit Schnellzügen nur etwa eine Stunde. Eine direkte **ICE-Verbindung** besteht im Zweistundentakt von Frankfurt am Main aus über Regensburg und Passau. Weitere Direktverbindungen bestehen ab Wien, Hamburg, Hannover, Köln, Düsseldorf und Dortmund. Wer rechtzeitig und mit Zugbindung bucht, erhält bei DB, SBB und ÖBB oft **günstige Sparpreise.**

057lz-se

Eine schnelle, bequeme und teils günstige Verbindung (Tickets im Zug oder über Internet) zwischen Salzburg und Linz sowie zwischen Wien und Linz bietet die private **Westbahn.** Von der Schweiz aus bestehen regelmäßige direkte Bahnverbindungen von Basel und Zürich aus.

•75 [D9] **Hauptbahnhof Linz**

› **Österreichische Bundesbahnen:** www.oebb.at
› **Deutsche Bahn:** www.bahn.de
› **Schweizer Bundesbahnen:** www.sbb.ch
› **Westbahn:** www.westbahn.at

Autofahren

Prinzipiell ist man in Linz nicht auf das eigene Fahrzeug angewiesen. Fast alle beschriebenen Sehenswürdigkeiten sind mit öffentlichen Verkehrsmitteln zu erreichen. Große Bereiche der Innenstadt lassen sich auch gut zu Fuß erobern. Wer von der Autobahn in die Linzer Innenstadt fährt, hält sich an die Wegweiser Linz-Zentrum. Einige Bereiche der Innenstadt wie die Landstraße oder Teile der Altstadt sind **Fußgängerzonen.**

Bei den **Ampeln** muss man sich auf eine Besonderheit einstellen: Bevor sie auf gelb und rot umschalten, blinken sie einige Zeit lang grün. In dieser Zeit kann man noch fahren. Bei Gelb sollte man aber auf jeden Fall schon zum Stehen kommen.

An den **Tankstellen** erhält man die üblichen europäischen Kraftstoffe. Die Spritpreise sind in Österreich etwas günstiger als in Deutschland.

› **Autobahnvignette:** In Österreich muss man für das Befahren fast aller Autobahnen eine Vignette an die Frontscheibe kleben. Sie ist bei Automobilklubs oder an Raststätten und Tankstellen im Grenzgebiet erhältlich, beispielsweise am Grenzübergang Suben bei Passau. Die Jahresvignette kostet 93,80 €, die 2-Monats-Vignette 28,20 € und die 10-Tages-Vignette 9,60 € (Motorräder: 37,20 €, 14,10 €, 5,60 €).
› **Warnweste:** In Österreich müssen Automobillenker eine Warnweste mitführen, die an Tankstellen und Raststätten sowie bei Automobilklubs erworben werden kann.
› **Geschwindigkeitsbegrenzungen:** in Ortschaften 50 km/h, außerorts 100 km/h, auf Autobahnen 130 km/h
› **Pannennotrufnummer ÖAMTC:** Tel. 120

Monumentaler Löwe am Eingang des Linzer Hauptbahnhofs

Parken

In Linz existiert ein **Parkleitsystem**, welches das Stadtgebiet in die Bereiche „Linz Nord" (Grün), „Linz Mitte" (Gelb) und „Linz Süd" (Rot) unterteilt. Jede der drei Zonen wurde mit charakteristischer Farbe ausgestattet, die sich auf den acht Informationstafeln und den etwa 180 Wegweisern wiederfinden. Autofahrer werden dadurch in Garagen geleitet, in denen das Fahrzeug ohne Zeitlimit abgestellt werden kann. Darüber hinaus befinden sich die Stellplätze in unmittelbarer Nähe von Straßenbahn- oder Bushaltestellen.

Im Innenstadtbereich gibt es außerdem **Kurzparkzonen** mit Parkscheinautomaten. Sie sind zeitlich auf 30, 90 und 180 Minuten Parkdauer befristet. Für eine Stunde zahlt man circa 2 Euro.

Die folgenden **Tiefgaragen und Parkhäuser** sind bei einem Besuch in Linz empfehlenswert:

- **P76** [D4] **City Parkhaus Linz,** Bethlehemstraße 12, Tel. 659628448, geöffnet: 24 Std.
- **P77** [C9] **Garage am Bahnhof Linz – Dienstleistungszentrum,** Bahnhofplatz 4, Tel. 65968468, geöffnet: 24 Std.
- **P78** [D5] **Garage im Zentrum Linz,** Dametzstraße 34–36, Tel. 772918, geöffnet: 24 Std.
- **P79** [B3] **Tiefgarage Hauptplatz,** Hauptplatz, Einfahrt bei Obere Donaulände 7, Tel. 783602, geöffnet: tägl. 6–24 Uhr, Ausfahrt jederzeit möglich
- **P80** [bg] **Tiefgarage Lentia City,** Urfahr, Blütenstraße 15, Ein- und Ausfahrt über Gstöttnerhofstraße, Tel. 89028810, geöffnet: 24 Std.
- **P81** [B4] **Tiefgarage Promenade,** Promenade, Einfahrt auf Höhe Landestheater, Tel. 774022, geöffnet: 24 Std.

Barrierefreies Reisen

In Linz wird viel dafür getan, dass Menschen mit Behinderung einen angenehmen Aufenthalt in der Stadt genießen können. Für gehbehinderte Personen stehen in der ganzen Stadt **barrierefreie Parkplätze** zur Verfügung. Öffentliche barrierefreie **WC-Anlagen** finden sich über das ganze Stadtgebiet verteilt. Einen Stadtplan für Menschen mit Handicap bietet die Stadt unter folgendem Link:

› www.linztourismus.at/assets/Stadtplan-Linz-barrierefrei-2017.pdf

Von der Bahnhofshalle des **Hauptbahnhofs** ist ein direkter barrierefreier Zugang zum Bahnhofsplatz möglich. Links vom Haupteingang befindet sich der Lift ins Untergeschoss mit Kasse und Info-Point. Fast alle Bahnsteige sind barrierefrei zugänglich. Der Bahnhof verfügt über eine induktive Höranlage und taktile Leitsysteme. Bei Fragen zu den Serviceleistungen der ÖBB hilft die zentrale Auskunft weiter (Tel. 0043 517175).

Am **Flughafen** stehen für Passagiere mit eingeschränkter Mobilität gekennzeichnete Stellplätze mit 20 Prozent Ermäßigung auf den entsprechenden Tarif zur Verfügung. Bei den Stellplätzen befinden sich auch spezielle Rufsäulen, über die Kontakt zur Flugplatzbetriebsleitung aufgenommen werden kann. Auf Anforderung stellt der Flughafen Linz kostenlos einen Rollstuhl zur Verfügung. Toiletten und Waschräume befinden sich im Check-in-Bereich (Untergeschoss) und im Transit-Bereich (Erdgeschoss). Das Flughafenrestaurant ist mit dem Aufzug erreichbar, das Café Arabia befindet sich ebenerdig in der Abfughalle.

Auch **Schifffahrten** auf der Donau steht nichts im Weg: Alle Schiffe der Gesellschaft „Wurm + Noé" (s. S. 41) verfügen am Eingangsdeck über eine behindertengerechte Toilette. Der Einstieg auf alle Schiffe ist problemlos, allerdings gibt es keine Rampe und keinen Aufzug, um vom Eingangsdeck auf das Mittel- bzw. Freideck zu gelangen. Rollstuhlfahrer sollten ihr Handicap bei der Reservierung angeben. Auf Anfrage und je nach Verfügbarkeit kann an der Anlegestelle in Linz kostenlos geparkt werden. Es können jedoch keine Plätze reserviert werden. In Linz ist ein Einstieg mit einem manuellen Rollstuhl kein Problem. Mit einem elektrischen ist dies leider nicht möglich. Auf den Schiffen werden über Bordsprechanlage Streckenerklärungen durchgegeben (www.donauschifffahrt.de).

Alle Fahrzeuge der **Linz AG Linien** (mit Ausnahme der Fahrzeuge der Pöstlingbergbahn und Stadtteilbusse) sind mit einer **Fahrzeug-Außenansage** für blinde und sehbehinderte Fahrgäste ausgerüstet. An Haltestellen können mittels Aktivierung durch Handsender die Liniennummer und das Endziel der Straßenbahn oder des Busses über die Außenlautsprecher am Fahrzeug abgerufen werden. Alle Fahrzeuge sind in Niederflurtechnik unterwegs. Auch in den umweltfreundlichen Bussen sind ausreichend Stellflächen für Rollstühle vorhanden.

Auch der Zugang zur **Pöstlingbergbahn** ist für Fahrgäste mit eingeschränkter Mobilität barrierefrei möglich. Zusätzlich zu den Niederflurfahrzeugen wurden die Haltestellen entsprechend adaptiert. Darüber hinaus verfügen alle Niederflurfahrzeuge über eine Rampe, die bei Bedarf ausgeklappt werden kann. Achtung: Die Nostalgiebahnen sind nicht barrierefrei.

Es gibt etliche **behindertenfreundliche Unterkünfte**, unter anderem verfügen das Arcotel Nike Linz (s. S. 127), das Hotel am Domplatz (s. S. 127) oder das arte Hotel (s. S. 125) über speziell ausgestattete Zimmer. Auch in den wichtigen **Linzer Museen** ist ein barrierefreier Zugang gewährleistet. Behindertengerechte WC-Anlagen sind ebenfalls vorhanden. Das **Ars Electronica Center** (19) ist interaktiv aufgebaut, daher ist der Besuch für Hör- und Sehbehinderte gut geeignet. Es bietet auch Braille-Schrift. Nach Voranmeldung sind Führungen für Rollstuhlfahrer und Hör- sowie Sehbehinderte möglich.

Das **Lentos Kunstmuseum** (20) bietet ebenfalls Führungen für Menschen mit Behinderung an (Voranmeldung beim Teleservice Center der Stadt Linz, Tel. 0732 7070, www.linz.at). Zudem bietet das Museum einen mobilen Videoguide in Österreichischer Gebärdensprache (ÖGS) an. Jeden ersten Samstag im Monat werden Führungen in Gebärdensprache angeboten. Weitere Infos unter www.lentos.at.

Auch die anderen **Linzer Sehenswürdigkeiten** lassen sich in der Regel problemlos besuchen: Die Wege im **Botanischen Garten** (29) sind zum Großteil barrierefrei, behindertengerechte WC-Anlagen sind vorhanden. Die Glashäuser, Cafêhaus und der Seminarraum sind barrierefrei zugänglich. Auf einem Übersichtsplan, der an der Kasse ausliegt, sind die nicht barrierefreien Gartenteile farblich markiert. Nach Voranmeldung sind Führungen für Rollstuhlfahrer möglich. Für gehbehinderte Gäste steht ein Leihrollstuhl zur Verfügung.

Die Eingänge des **Mariendoms (Neuen Doms)** 13 in der Herrenstraße und der Baumbachstraße sind mit einer Rampe ausgestattet. Der Innenraum ist barrierefrei und es gibt einen Lift zur Krypta. Eine spezielle Führung bietet Marlena Belkameh von „austriaguide" an: Gemeinsam mit Veronica Rieser, die selbst gehörlos ist, gestaltet sie **gemeinsame Führungen für Hörende und Gehörlose.** Die Turmbesteigung (etwa 400 Stufen) dauert 45 Minuten (Informationen unter Tel. 946100 oder Tel. 0664 2341873).

Auch einem unbeschwerten Kulturgenuss in Theatern oder Konzertsälen steht nichts im Wege: Das moderne **Linzer Musiktheater** 16 hat beispielsweise einen barrierefreien Zugang und bietet neben Richtungsanzeigern/Wegweisern, Raumbeschriftungen, taktilen Handlaufbeschriftungen auch 22 Rollstuhlplätze und Plätze für Begleitpersonen sowie eine induktive Höranlage.

Der gemeinnützige **Verein isa-group** unterstützt Touristen mit Beeinträchtigung im Großraum Linz: Ausgebildete Assistenten begleiten und unterstützen Besucher mit Handicap bei Besichtigungen, Kino- oder Theaterbesuchen, geschäftlichen Terminen und bei alltäglichen Erledigungen beziehungsweise schaffen stundenweise Freiraum für die Begleitung (Kontakt: Stockhofstraße 9, 4020 Linz, Tel. 0660 7734235, www.isa-group.net).

Die **Stadtpfarre Urfahr** bietet **Gottesdienste** und Veranstaltungen an, die in Gebärdensprache übersetzt gefeiert werden (www.dioezese-linz.at/pfarre/4209/unserangebot/angebote/article/36190.html).

Diplomatische Vertretungen

- **82** [D2] **Honorarkonsulat der Bundesrepublik Deutschland,** Untere Donaulände 28, 4020 Linz, Tel. +34 (0) 732 797701, https://wien.diplo.de/at-de/service/honorarkonsuln/04-hk-linz, geöffnet: Mo.–Do. 9–12 Uhr, Mo. 13.30–16, Mi. 13.30–15 Uhr, Terminvereinbarung!
- **83** [E3] **Schweizerisches Konsulat,** Eisenhandstraße 13–15, 4010 Linz, Tel. +34 (0) 732 783741, www.eda.admin.ch/countries/austria/de/home/vertretungen/botschaft.html

Geldfragen

Was die **Preise** betrifft, ist Linz zwar keine günstige Stadt, im Vergleich zu anderen europäischen Städten jedoch eine vergleichsweise erschwingliche. In der Regel bekommt man für sein Geld **ordentliche Qualität** – insbesondere im Gastronomie- und Hotelgewerbe. Die Speisen in den Restaurants sind preislich mit denen in Deutschland vergleichbar. Ein großer Vorteil für Tagesausflügler ist die Tatsache, dass fast alle wichtigen Sehenswürdigkeiten nah beieinander liegen und man somit kaum auf öffentliche Verkehrsmittel angewiesen ist. Zusätzlich zum Preis für die Unterkunft sollte man in Linz pro Person etwa 50 bis 80 € am Tag einplanen.

Der österreichische Schilling ist nur noch eine romantische Erinnerung, bequemer zahlt es sich eh mit dem Euro. Die kleinen **österreichischen Münzen** haben als Motiv den Enzian (1 Cent), das Edelweiß (2 Cent) und die Alpenschlüsselblume (5 Cent). Die mittleren Münzen sind

Linz preiswert

Eine günstige Verbindung von öffentlichem Nahverkehr und Kultur bietet die **Linz Card** (s. S. 128), die freien Eintritt zu den wichtigsten Museen und freie Fahrt in öffentlichen Verkehrsmitteln bietet. Es gibt sie für einen oder für drei Tage und Kulturinteressierte sind damit auf jeden Fall auf der sicheren Seite. Bei der 1-Tages-Karte sollte man sich generell gut überlegen, was man alles besichtigen möchte, denn alle Angebote schafft man nicht an einem Tag.

Teilweise kann man bei Museen und Einrichtungen mit **Kombitickets** etwas Geld sparen. Ein solches Angebot gibt es beispielsweise für das Lentos Kunstmuseum 20 in Verbindung mit dem Nordico Stadtmuseum 10 und der Landesgalerie 23. Wer mit Kind und Kegel anreist, kann mit **Familienkarten** den Geldbeutel schonen.

Zum Kulturangebot in Linz und Umgebung gehören natürlich auch die vielen prächtigen und kunsthistorisch bedeutsamen **Kirchen und Klöster.** Alle Gotteshäuser können kostenlos besichtigt werden, lediglich im Rahmen von Führungen zahlt man einen kleinen Obolus.

Auch diverse Freizeitgestaltungen belasten den Geldbeutel kaum: Bei den **Stadtwanderungen** (s. S. 122) bezahlt man höchstens mit Kalorien und im Hochsommer kann man sich nach einer intensiven Stadtbesichtigung am Pleschingersee und am Pichlingersee sowie am Urfahraner Donaustrand kostenlos erholen und erfrischen.

Wer seinen Hunger und Durst stillt, wird in Linz ebenfalls nicht arm: Generell bieten die Linzer **Gastronomiebetriebe** ein gutes Preis-Leistungs-Verhältnis und man wird nicht über den Tisch gezogen.

der Architektur gewidmet: Stephansdom (10 Cent), Schloss Belvedere (20 Cent) und Wiener Secessionsgebäude (50 Cent). Auf der 1-Euro-Münze ist das Porträt des Komponisten Wolfgang Amadeus Mozart abgebildet, die 2-Euro-Münze ziert die Pazifistin und Friedensnobelpreisträgerin Bertha von Suttner. Daneben gibt es etliche Sondermotive. Insbesondere die 2-Euro-Gedenkmünzen können als Wechselgeld im Portmonnaie landen.

Mit dem **Wiener Philharmoniker** existiert auch eine Goldmünze als Anlagemünze, die in größeren Bankhäusern erworben werden kann (auch als Halb- oder Viertel-Philharmoniker sowie als Silber-Philharmomiker).

Informationsquellen

Infostellen in der Stadt

i 84 [C3] **Tourist Information Linz,** Hauptplatz 1 (Altes Rathaus), Linien 1, 2, 3 „Hauptplatz", Tel. +43 (0)732 70702009, www.linz.at/tourismus, geöffnet: tägl. 10–17 Uhr. Broschüren liegen zudem an weiteren Stellen aus, beispielsweise im Ars Electronica Center 19, in der Grottenbahn (s. S. 50) oder in der Konditorei Jindrak (s. S. 81).

Weitere Tourismus-Service-Stellen, an denen Linz-Broschüren ausliegen, findet man unter: www.linztourismus.at/freizeit/reise-planen/gut-zu-wissen/tourist-information.

Die UNESCO City of Media Arts ist am digitalen Puls der Zeit

Linz im Internet

- **www.linz.at:** offizieller Internetauftritt der Stadt Linz mit umfangreichen Informationen zu unterschiedlichen Themen
- **www.linztourismus.at:** Internetauftritt der Linzer Tourist Information mit aktuellen Infos, Tipps für Besucher, Hotelsuchfunktion usw.
- **www.linz-bringz.at:** Hier erfährt man, was in der Stadt täglich los ist: Events, Partys und mehr.

Publikationen und Medien

- **OÖ Nachrichten:** klassische Tageszeitung für Oberösterreich mit dem Schwerpunkt Linz
- **Kurier:** klassische österreichische Tageszeitung
- **Krone:** Die Kronenzeitung, ansatzweise mit der deutschen BILD-Zeitung vergleichbar, hat die höchste Auflage der Alpenrepublik und erscheint täglich im Kleinformat. In Österreich gebührt ihr eine nicht zu vernachlässigende gesellschaftspolitische Macht. Dem Thema Kriminalität in Linz wird traditionell hohe Aufmerksamkeit beigemessen.

Smartphone-Apps

- **ÖBB scotty:** Routenplaner der Österreichischen Bundesbahnen (ÖBB) für öffentliche Verkehrsmittel (kostenlos für iOS und Android).
- **Visit Linz:** Informationen über Sehenswürdigkeiten, Rundgänge, aktuelle Veranstaltungen, Gastronomie- und Handelsbetriebe sowie Hotels und Unterkünfte in deutscher und englischer Sprache (kostenlos für iOS und Android).
- **wetter.at:** aktuelle Wetterinformationen, -daten und -prognosen für jeden Ort Österreichs und zusätzliche Features, z. B. Orte als Favoriten speichern oder die Wetterprognose für Ihren per GPS ermittelten Standort (kostenlos für iOS und Android)
- **Weitere Linz-Apps** finden sich unter www.linztourismus.at/freizeit/reise-planen/gut-zu-wissen/apps/

Meine Literaturtipps

- **„Der Nachsommer"**, Adalbert Stifter. Der wohl berühmteste Roman des Biedermeier-Schriftstellers spielt zwar nicht direkt in Linz, sondern größtenteils in der österreichischen Provinz, ist aber ein literarischer Meilenstein des 19. Jahrhunderts.
- **„Donausteig-Wanderbuch: Wandertouren von Passau über Linz bis Grein"**, Andreas Kranzmayr, Tips Zeitungs GmbH & Co KG. Perfekter Begleiter für Wanderungen am Donausteig, der über Land und Leute informiert und viele praktische Tipps bereitstellt.
- **„Der Tote vom Urfahraner Markt"**, Sophia Scheer, Emmos Verlag. Zuerst findet ein frisch vermähltes Paar aus Deutschland in den Flitterwochen eine menschliche Hand im Hotelsafe, dann entdeckt es im Riesenrad auf dem Urfahraner Markt einen toten Geschäftsmann aus Wels. Unterhaltsamer Krimi mit Linz-Bezug.

Internet

Fast alle großen Hotels bieten mittlerweile kostenloses **WLAN** und auch Pensionen ziehen nach. Auch etliche öffentliche Einrichtungen wie Restaurants oder Cafés besitzen WLAN-Hotspots. Öffentliche Hotspots sind in der Stadt weit verbreitet – insbesondere rund um den Hauptplatz oder am Bahnhof sowie in Zügen. Eine Übersicht erhält man unter www.freewave.at/hotspots.

LGBT+

Im eher konservativ geprägten Oberösterreich hatten und haben es LGBT+ nicht überall leicht, selbstbewusst ihre Sexualität zu leben. Doch während es für Schwule, Lesben und Transsexuelle in ländlichen Regionen noch immer eine große Herausforderung darstellt, sich zu outen, hat sich in der Landeshauptstadt Linz seit Ende der 1990er-Jahre ein Klima der Toleranz entwickelt, in dem jeder nach seiner Fasson glücklich werden kann – zumindest auf gesellschaftlicher Ebene.

Auf politischer Ebene scheint das Thema noch immer ein Zankapfel unterschiedlicher Gesinnungen zu sein: So wurden vor einigen Jahren einige gleichgeschlechtliche Ampelpärchen – Ampelmännchen, die statt einer Einzelperson bei Rot und Grün jeweils ein händchenhaltendes Pärchen zeigen –, die nach Wiener Vorbild auch an einer Linzer Kreuzung Einzug fanden, vom Verkehrsstadtrat (FPÖ) wieder entfernt mit der Begründung, Ampeln und Verkehrszeichen seien nicht dazu da, Gesinnungsbotschaften zu übermitteln. Kurze Zeit später durften sie wieder leuchten.

Ampelmännchen- beziehungsweise Ampelweibchenstreit hin oder her – Linz wird sich auch in Zukunft sein weltoffenes Gepräge erhalten und ist wie viele andere deutschsprachige Großstädte, insbesondere durch das große kulturelle Angebot, ein lohnenswertes Reiseziel für die LGTB+-Community.

- Umfangreiche Informationen gibt es im Internet unter www.gay-in-linz.at.

85 [F6] **HOSI Linz (Homosexuelle Initiative)**, Schillerstr. 49, Linien 1, 2, 3 „Goethekreuzung" oder Bus, Tel. 609898, www.hosilinz.at. Verein, der sich seit

1982 für die Gleichstellung von Lesben und Schwulen in Oberösterreich einsetzt.

86 [B4] **SAX**, Klammstraße 6, Linien 1, 2, 3 „Taubenmarkt", Tel. 781213, musik-cafe-sax.stadtausstellung.at, geöffnet: Mi.-Sa. 15-2 Uhr, So. 15-24 Uhr. Gayfreundliches Musikcafé mit Gastgarten.

Medizinische Versorgung

Mit der europäischen **Krankenversicherungskarte EHIC** kann man in Österreich medizinische Versorgung in Anspruch nehmen. Die anfallenden Kosten werden von der gesetzlichen Krankenkasse des Patienten erstattet. **Vorkasse** ist generell nicht nötig, wird aber in Einzelfällen dennoch verlangt. Die Karte ersetzt keine Auslandsreisekrankenversicherung, da vor allem der Krankenrücktransport in die Heimat nicht mitversichert ist. Deshalb ist der Abschluss einer Zusatzversicherung für den Auslandsaufenthalt überlegenswert.

87 [ch] **Kepler Universitätsklinikum,** Krankenhausstraße 9, Linien 12, 25 Haltestelle „Gruberstraße", Linie 45 Haltestelle „Paula-Scherleitner-Weg", Linie 46 Haltestelle „Garnisonstraße", Tel. 057680830, www.kepleruniklinikum.at

Apotheken haben montags bis freitags von 8 bis 18 Uhr – meist ohne Mittagspause – und samstags von 8 bis 12 Uhr geöffnet. Außerhalb dieser Zeiten steht in der ganzen Stadt rund um die Uhr ein Apotheken-Bereitschaftsdienst zur Verfügung. Den Hinweis auf die nächste diensthabende Apotheke findet man an jeder Apotheke ausgehängt oder durch die Auskunft unter Tel. 1455.

› www.apothekenindex.at

Mit Kindern unterwegs

Linz ist eine kinderfreundliche Stadt mit viel Grün, über das ganze Stadtgebiet verteilten Kinderspielplätzen und spannenden Sehenswürdigkeiten, die nicht nur bei Erwachsenen gut ankommen.

Der Klassiker unter den bei Kindern beliebten Sehenswürdigkeiten ist natürlich die **Linzer Grottenbahn** auf dem **Pöstlingberg** 26. Seit Generationen entführt der Drache Lenzibald seine Besucher ins unterirdische Zwergenreich und beschert Jung und Alt leuchtende Augen. Unterhalb der Gastwirtschaft Pöstlingbergschlössl befindet sich in einer Parkanlage ein großer **Spielplatz.** Eine Übersicht aller Linzer Spielplätze erhält man im Internet unter: www.linz.at/soziales/spielplatz.asp. Auf der Strecke der **Pöstlingbergbahn** 25 (Station „Tiergarten") sorgen zudem die tierischen Bewohner des **Zoos** 27 für Begeisterung.

Für Kinder, die es lieber modern statt nostalgisch mögen: Das Ars Electronica Center 19 ist bestens für den Besuch kleiner Gäste gerüstet. Die Eltern sind oft verblüfft, mit welcher Auffassungsgabe und Perfektion sich der Nachwuchs mit technischen Herausforderungen und Multimedia-Experimenten auseinandersetzt. Speziell der Deep Space kommt bei Kindern und Jugendlichen natürlich gut an.

Ein bisschen wie Ritter fühlen können sich die Kleinen rund um das **Linzer Schloss** 8. Etwas ältere Kinder und Jugendliche werden sich möglicherweise auch für das abwechslungsreiche **Schlossmuseum** 8 begeistern können. Im Schlosspark hinter der westlichen Mauer versteckt sich ein kleiner Spielplatz. In Linz gibt es über 100 öffentliche Kinder- und

Jugendspielplätze und allen Sportbegeisterten steht eine Vielzahl an Basketball-, Skateboard- und Beachvolleyball-Anlagen sowie Fun Courts (Freiluft-Mehrzwecksportplätze) zur Vertugung.

Vom Schloss aus lohnt ein Abstecher hinauf zum **Freinberg** 28 mit seiner Aussichtswarte und einem großen Kinderspielplatz. Aber nicht nur auf die Franz-Josephs-Warte kann man hinaufsteigen: In der Linzer Innenstadt kann man den **Turm des Mariendoms** 13 besteigen und wird mit einem tollen Ausblick hoch über den Dächern der Stadt belohnt.

Beim Nachwuchs kommt meist auch die abwechslungsreiche **Hafenrundfahrt** (s. S. 41) auf der Donau gut an. Was man an industriellem Linz bereits vom Schiff aus sieht, kann man in der **voestalpine Stahlwelt** 31 noch genauer entdecken. Hier werden speziell auf die Bedürfnisse von Kindern ausgerichtete 2,5-stündige Familienführungen angeboten.

Das ganze Jahr über gibt es auch spannende Veranstaltungen in Linz (s. S. 92). Beim Nachwuchs kommen neben dem Urfahraner Markt besonders gut die visualisierte Klangwolke und die **Kinder-Klangwolke** im Donaupark im September an. Jährlich findet zudem eine Kinderkulturwoche statt (www.kinderkulturwoche.linz.at). Das **Landestheater Linz** (s. S. 84) und das **Musiktheater** 16 bieten das ganze Jahr ein Repertoire an Aufführungen an, die speziell an Familien gerichtet sind – Märchen, Kindermusicals und Kinderopern sowie Theaterstücke für junges Publikum.

Hier noch einige weitere Adressen, die dazu beitragen, dass es niemandem in Linz langweilig wird:

- •88 [C6] **Kinderkulturzentrum Kuddelmuddel,** Langgasse 13, Linien 1, 2, 3 „Bürgerstraße", Tel. 600444, www.kuddelmuddel.at. Das Kuddelmuddel versteht sich als Stätte der Kinderkultur, bei der es diese zu erleben gilt, aber man auch aktiv mitgestalten und sich selbst im künstlerisch-kreativen Prozess erfah-

Spielplatz hinter den Mauern des Linzer Schlosses 8

ren kann. Das Programmangebot reicht von Theater für Kinder über Figurentheater, Kasperlbühnen, Musik und Tanz bis hin zu Clownerie und Gesang. Die unterschiedlichen Darbietungen richten sich an eine Altersgruppe von 1½ bis 14 Jahren.

89 [C6] **Linzer Puppentheater,** Langgasse 13, Linien 1, 2, 3 „Bürgerstraße", Tel. 0664 8973060, www.puppentheater.at. Das Linzer Puppentheater wurde im Jahr 1970 gegründet und hat seine Heimat im Kinderkulturzentrum Kuddelmuddel. Ein bunter Mix aus Hand-, Stab- und Klappmaulfiguren, Marotten und Marionetten ist in dem fantasievoll-fröhlichen Figurentheater anzutreffen. Die Stücke sind – laut Eigenbeschreibung – für Kinder „ab 3 Jahren und drunter – bis 99 und drüber" geeignet.

90 [C6] **Theater des Kindes,** Langgasse 13, Linien 1, 2, 3 „Bürgerstraße", Tel. 605255, www.theater-des-kindes.at. Abwechslungsreiches Theaterprogramm, auch Erstaufführungen.

› **u\hof – Theater für junges Publikum,** Landestheater (s. S. 84), Tel. 0800 218000, www.landestheater-linz.at. Das Kinder- und Jugendtheater des Landestheaters lockt mit seinen pfiffigen Stücken jährlich Tausende junge und jung gebliebene Besucher an. Die Eintrittskarten für Vorstellungen kosten zwischen 7 und 12 €.

Notrufnummern

- **Notruf:** Tel. 112
- **Polizei:** Tel. 133
- **Feuerwehr:** Tel. 122
- **Rettung:** Tel. 144
- **Ärztenotdienst:** Tel. 141
- **Bergrettung:** Tel. 140
- **Zahnärztliches Notdienstzentrum Linz** (außerhalb der üblichen Zahnarztöffnungszeiten): Tel. 0732 785877
- **Nacht- und Sonntagsapotheken:** Tel. 1455
- **ÖAMTC-Notdienst** (Österreichischer Automobilklub): Tel. 120

Notfälle

91 [F3] **Stadtpolizeikommando Linz,** Nietzschestraße 33, Tel. 059 13345

92 [B2] **Fundbüro,** Neues Rathaus, Hauptstraße 1–5, Tel. 7070, Öffnungszeiten: Mo. 8–12.30 und 14–18, Di.–Fr. 8–12.30 Uhr

Kartensperrung

Bei **Verlust der Debit-/Giro-, Kredit- oder SIM-Karte** gibt es für Kartensperrungen eine **deutsche Zentralnummer** (unbedingt vor der Reise klären, ob die eigene Bank bzw. der jeweilige Mobilfunkanbieter diesem Notrufsystem angeschlossen ist). **Aber Achtung:** Mit der telefonischen Sperrung sind die Bezahlkarten zwar für die Bezahlung/Geldabhebung mit der PIN gesperrt, nicht jedoch für das **Lastschriftverfahren mit Unterschrift.** Man sollte daher auf jeden Fall den Verlust zusätzlich **bei der Polizei zur Anzeige bringen,** um gegebenenfalls auftretende Ansprüche zurückweisen zu können.

In **Österreich** und der **Schweiz** gibt es keine zentrale Sperrnummer, daher sollten sich Besitzer von in diesen Ländern ausgestellten Debit- oder Kreditkarten vor der Abreise bei ihrem Kreditinstitut über den zuständigen Sperrnotruf informieren.

Generell sollte man sich immer die **wichtigsten Daten** wie Kartennummer und Ausstellungsdatum **separat notieren,** da diese unter Umständen abgefragt werden.

› **Deutscher Sperrnotruf:** Tel. +49 116116 oder Tel. +49 3040504050
› **Weitere Infos:** www.kartensicherheit.de, www.sperr-notruf.de

Öffnungszeiten

Die meisten Linzer **Museen** öffnen zwischen 9 und 10 Uhr, schließen zwischen 17 und 18 Uhr und haben montags zu.

Die **Geschäfte** haben meist montags bis freitags von 9 bis 18/19 Uhr und samstags bis nachmittags geöffnet, einige Einkaufszentren auch länger. Einkaufsmöglichkeiten an Sonn- und Feiertagen gibt es in den großen Bahnhöfen, am Flughafen und in den Museumsshops. Einige Souvenirshops in der Innenstadt haben ebenfalls am Sonntag geöffnet.

Die meisten **Banken** haben Montag bis Freitag von 9 bis 15 Uhr geöffnet, Bankautomaten rund um die Uhr (ggfls. Gebühren für ausländische Kunden).

Post

Standardbriefe und **Postkarten** ins europäische Ausland kosten 1 € **Porto**, innerhalb Österreichs 85 Cent. Normalerweise kommen Ansichtskarten ins Ausland innerhalb weniger Tage beim Empfänger an.

Die **Öffnungszeiten** der Linzer Postämter liegen meist zwischen 8 und 18 Uhr. Außerhalb des Stadtzentrums haben etliche Poststellen über die Mittagszeit geschlossen.

✉**93** [C9] **Postfiliale (1),** Bahnhofsplatz 11, geöffnet: Mo.–Fr. 8–18, Sa. 9–12 Uhr
✉**94** [C3] **Postfiliale (2),** Domgasse 1, geöffnet: Mo.–Fr. 8–18 Uhr

Radfahren

Fahrradverleih

•**95** [D3] **Donau Touristik**, Lederergasse 4–12, Tel. 208027, www.donaureisen.at. Ausgabe und Rückgabe: April und Okt. Mo.–Do. 9–16.30, Fr. 9–12.30, Mai–Sept. Mo.–So. 8–18 Uhr. Man benötigt einen Personalausweis. Rückgabe der Räder in der Lederergasse oder in einem der Vertragshäuser zwischen Linz und Wien. Der Preis pro Tag

Mein Tipp

Mit dem Fahrrad von Passau nach Linz

Linz ist eine der wichtigsten Stationen des **Donauradwegs,** der von der Donauquelle in Donaueschingen bis zur Mündung ins Schwarze Meer führt. Eine Etappe verbindet die bayerische **Dreiflüssestadt Passau** entlang der Donau mit Linz. Passau lohnt schon aufgrund seiner bezaubernden Altstadt am Zusammenfluss von Inn, Donau und Ilz einen ausgiebigen Besuch.

Von hier bahnt sich der Strom durch das landschaftlich reizvolle **Durchbruchstal** zwischen Bayerischem Wald und Sauwald seinen Weg, führt vorbei am sehenswerten Stift Engelszell und über die **Schlögener Schlinge** in einer spektakulären 180-Grad-Kehre weiter durch atemberaubende Felslandschaft bis **Aschach.** Von hier ist es nicht mehr weit zum **Zisterzienserkloster Wilhering** 33, bevor man schließlich die Nibelungenbrücke 18 in Linz erreicht. Die Strecke beträgt gute 100 Kilometer und ist für geübte Radler an einem Tag zu schaffen. Wer es gemütlicher angehen möchte, sollte eine Übernachtung einplanen.

› Weitere Informationen unter **www.donauradweg.at**

062lz-se

Kleine Provokation an der Fassade der Linzer Kunstuniversität

bei Abgabe in Linz beträgt 17 €, ab zwei Tagen 15 €, bei Abgabe außerhalb von Linz sind es 28 € pro Tag.

Fahrradreparatur

Für kleine Reparaturen steht in der Linzer Tourist Information (s. S. 113) Werkzeug zur Verfügung, ansonsten findet man hier Hilfe:

- •96 [D4] **Brückl Radsport,** Dametzstraße 5, Tel. 777276, geöffnet: Mo.–Fr. 9–18 Uhr, Sa. 9–12 Uhr
- •97 [df] **Radsport Kiesel,** Freistädter Straße 297, Tel. 750450, geöffnet: Mo.–Do. 8–12 und 14–18, Fr. 8–18, Sa. 8–13 Uhr (Okt.–Feb. bis 12 Uhr)

Sicherheit

Linz ist prinzipiell ebenso wie Wien, Innsbruck oder Salzburg eine sichere Stadt. Wie fast alle mitteleuropäischen Großstädte hat aber auch Linz mit sozialen und gesellschaftlichen Problemen wie Armut und Drogen zu kämpfen. Probleme mit Kriminalität gab es in den vergangenen Jahren vermehrt am Linzer Hauptbahnhof. Mittlerweile scheint sich die Lage dort wieder gebessert zu haben. Die Gegend um den Bulgariplatz südlich des Hauptbahnhofs sollte man nachts besser meiden. In der Regel kommen Touristen dort aber sowieso nicht vorbei.

In der Landstraße, der Linzer Haupteinkaufsstraße, und im Bereich Hauptbahnhof/Volksgarten ist das soziale Gefälle sichtbar: Es gibt **Obdachlose und Bettler,** die um Almosen bitten. Osteuropäische Bettler können manchmal etwas aufdringlich werden. Wer nichts geben möchte, sollte die Bittsteller ignorieren und weitergehen.

Generell sollte man auf der **Landstraße** etwas stärker auf die Habseligkeiten achten als in der Altstadt. Taschendiebe sind zwar die Ausnahme, aber wie an allen viel frequentierten Orten ist Vorsicht die Mutter der Porzellankiste.

Die Linzer Innenstadt, speziell die Altstadt, ist nachts generell ungefährlich. Die meisten Plätze werden mit **Kameras überwacht** und die Polizei zeigt nicht nur rund um den Hauptplatz Präsenz. Unbeleuchtete Parkanlagen, abgelegene Plätze und das Donauufer abseits der Innenstadt sollten zu später Stunde – insbesondere von Frauen – möglichst nicht mehr ohne Begleitung aufgesucht werden. Zu abgelegenen Hotels fährt man nachts lieber mit dem Taxi. In der Innenstadt und am Donauufer kann es insbesondere an Wochenenden zu erhöhtem **Alkoholkonsum** und den damit verbundenen negativen Auswirkungen kommen.

Sport und Erholung

Bäder und Thermen

S98 **EurothermenResort Bad Hall,** Kurhausstraße 10, 4540 Bad Hall, erreichbar über die Bundesstraße B 139 in südwestlicher Richtung über Traun, Tel. 07258 7996600, www.eurothermen.at/bad-hall, geöffnet: Therme Mediterrana tägl. 9–24 Uhr, Saunawelt Relaxium tägl. 11–24 Uhr (Weihnachten und Silvester kürzer). Großer Thermenkomplex im circa 30 Kilometer entfernten Bad Hall, das seit Urzeiten für sein jodhaltiges Thermalsolewasser bekannt ist.

S99 [E1] **Fitnessoase Parkbad,** Untere Donaulände 11, Linie 26 „Brucknerhaus", Tel. 34006630, www.linzag.at. Städtisches Frei- und Hallenbad am Donaupark neben dem Brucknerhaus mit schöner historischer Außenfassade (1930).

Seen und Strände

› **Pleschinger See** [gh]. Badesee im Nordosten der Stadt. Buslinien 33/33a bis Endhaltestelle „Pleschinger See".
› **Pichlingersee**. Im Südosten, nahe der Autobahn A1 gelegener Badesee. Buslinie 11 bis Endhaltestelle „Pichlingersee".
› **Donaustrand in Urfahr** 24. Beliebter Platz nahe dem Zentrum. Im Hochsommer erfrischen sich die Linzer auch gern in der Donau. Doch Vorsicht: Schon wenige Meter vom Ufer entfernt ist die Strömung der Donau nicht zu unterschätzen. Deshalb und auch aufgrund der Schiffe darf man keinesfalls weit hinausschwimmen!

Sprache

Der **oberösterreichische Dialekt** gehört zu den **bairischen Dialekten.** Deshalb werden südostbayerische, insbesondere niederbayerische Besucher kaum Verständigungsprobleme haben. Für norddeutsche Touristen klingt der Dialekt typisch österreichisch – ähnlich jenem der Wiener oder der Salzburger, auch wenn die Linzer sich gegen eine solche Verallgemeinerung wehren würden. Innerhalb Österreichs hat der oberöster-

Die elegante Außenfassade des Parkbads

0631z-se

Meine Tipps

Fußball schauen

Etwa 20.000 Fußballfans fasst das **Linzer Stadion auf der Gugl** und es ist damit das größte Fußballstadion in ganz Oberösterreich. Gelegen ist es unweit des Botanischen Gartens 29. Ausgetragen werden hier die Heimspiele des Linzer Traditionsvereins **LASK („Linzer Athletik-Sport-Klub") Linz,** der derzeit in der höchsten Liga Österreichs spielt (Stand: 2022). Der Zweitligist **FC Blau-Weiß Linz** trägt seine Heimspiele derzeit im Hofmann-Personal-Stadion aus, ab 2023 im neu renovierten Donauparkstadion.

S100 [bi] **Linzer Stadion,** Roseggerstraße 41, Buslinien 17, 19, 46 „Stadion"

- www.lask.at
- www.blauweiss-linz.at

Wanderbares Linz

Vielleicht lässt sich Linz am schönsten erkunden, indem man es erwandert. Insbesondere wer etwas mehr Zeit in Linz verbringt, sollte unbedingt den einen oder anderen der insgesamt **zehn Stadtwanderwege** erkunden, die sternförmig in die verschiedenen Himmelsrichtungen und die grünen Lungen der Stadt führen.

Da Linz eine hügelige Stadt ist, führen etliche Wege auf die Aussichtsberge der Stadt: beispielsweise auf den Freinberg 28 (Wanderweg 1), den Pöstlingberg 26 (Wanderweg 2) oder den Pfenningberg (Wanderweg 8). Daneben führen idyllische Pfade zum **Pleschinger See** (Wanderweg 4) oder ins Gebiet der **Traun-Donauauen am Weiklersee** (Wanderweg 6).

- **Ausführliche Infos** über die Stadtwanderwege gibt es unter www.linztourismus.at/freizeit/linz-entdecken/aktivitaeten/natur/wandern

reichische Dialekt einen guten Stand und wird in der Regel als freundlich, natürlich und wohlklingend beschrieben. Im Gegensatz zur Tiroler oder Kärntner Mundart wirkt das Linzer Idiom sanfter und leichter verständlich.

Generell muss sich der norddeutsche oder westdeutsche Tourist keine Sorgen machen: Man wird sich in Linz stets bemühen, Touristen keine Sprachbarrieren in den Weg zu legen, und ist durchaus fähig, sich der hochdeutschen Sprache bemächtigen.

Stadttouren

Stadtrundfahrten

- **Linz City Express,** Hauptplatz 1, Linien 1, 2, 3 „Hauptplatz", Tel. 797555, www.geigers.at, Fahrtzeiten: Mai–Sept. tägl. 10–17.30, Okt.–Dez. 10–16.30, ab 9. Jan, Feb. nur Sa., So. 10–15.30 Uhr, Preis: 10 € (Kinder bis 14 Jahre 5 €, Kinder bis 3 Jahre gratis), Kombiticket mit Hafenrundfahrt: 23 € (Kinder 12,50 €). Bei einer 25-minütigen Rundfahrt in einem auffälligen gelben Zug erlebt man die Stadt mit ihren wichtigen Sehenswürdigkeiten in acht Sprachen. Die Abfahrt findet ab sechs Personen zu jeder vollen und halben Stunde vom Hauptplatz 1 statt.

Stadtrundgänge

- **Stadtrundgänge mit den austriaguides,** Tourist Information Hauptplatz (s. S. 113), Tel. 7070209, www.linztourismus.at/freizeit/linz-entdecken/aktivitaeten/stadtfuehrungen. Mit den erfahrenen „austriaguides" spaziert man durch die Linzer Vergangenheit und Gegenwart. Die Stadtführung „Linz.verändert, Stadtspazierer" führt über Schloss, Altstadt und Promenade zum Mariendom (Anmeldung und Preise siehe Homepage). Außerdem wird ein „Abendspaziergang“ angeboten (Apr.–Okt., Beginn: 18 Uhr) sowie weitere Spezialtouren.

› **Nachtwächter zu Lintze,** ganzjährige Führungen mit Nachtwächter Wolfgang Liegl, unter anderem zu den Themen „Geister & Mord“, „Arkaden und Gewölbe“ und „Das Schloss und seine Geheimnisse“. Anmeldung erforderlich. Aktuelle Führungstermine auf der Website. Treffpunkt:

101 [B4] **Nachtwächter's Stübchen,** Altstadt 15/Innenhof, Tel. 0664 4303164, www.nachtwaechter-zu-lintze.at

Segway-Touren

› **LINZerSCHWEBEN mit Segways,** www.linzerschweben.at. Diese Art der Stadtbesichtigung hat sich in Linz mittlerweile etabliert. Mit den akkubetriebenen, intuitiv gesteuerten Elektrorollern schwebt man ohne Mühe zum Schloss, entlang der Donau, Richtung Pöstlingberg oder durch die Tabakfabrik. Anmeldungen übers Internet oder bei der Tourist-Information am Hauptplatz (s. S. 113).

Donauschifffahrt, Hafenrundfahrt

Zwischen Anfang Mai und Anfang Oktober führt die Schifffahrtsgesellschaft **Wurm + Noé** (s. S. 41) dreimal täglich (außer Montag) etwa 100-minütige **Hafenrundfahrten** durch. Neben weiteren speziellen Themenfahrten wie den Abendschifffahrten bietet das Unternehmen auch Tagestouren an: etwa zwischen Linz und der bayerischen Dreiflüssestadt Passau durch das oberösterreichische Donautal oder zwischen Linz und der Wachau. Das kleine Schiff **Donaubus** pendelt zwischen Mai und September (ab Juni täglich) zwischen Linz und Ottensheim (in der Nähe von Stift Wilhering 33). Reservierung und Infos unter: https://donaubus.at.

Gelbe Bimmelbahn: mit dem Linz City Express auf Entdeckungstour

MEIN TIPP

Unheimliche Unterwelt: Führungen in den Linzer Luftschutzstollen

Jahrhundertelang wurden die Sandsteinhügel im Westen von Linz für Bier- und Weinkeller genutzt, doch während des Zweiten Weltkriegs hat man die bestehenden Keller zu riesigen, kilometerlangen Luftschutzstollen ausgebaut. Die Arbeit mussten dabei KZ-Häftlinge erledigen, die in den Stollen untergebracht waren. Unter dem Hauptplatz **1** befindet sich bis heute der sogenannte Limonistollen.

Im Rahmen von zeitgeschichtlichen Führungen mit den speziell ausgebildeten austriaguides ist es möglich, einen Teil der Luftschutzstollen zu besichtigen. In der Tourist Information am Hauptplatz (s. S. 113) erhält man den vom Archiv der Stadt erstellten Überblicksplan „Linz Geschichte". Dort kann man sich auch für die Touren in die Linzer Unterwelt anmelden. Online ist die Anmeldung unter www.limonistollen.at möglich.

Telefonieren

Die **Ländervorwahl für Österreich** lautet **0043.** Die **Vorwahl von Linz** ist die **0732.** Wer von einem nicht-österreichischen Handy oder vom Ausland aus eine Linzer Festnetznummer anrufen möchte, wählt zunächst die 0043 und lässt dann die 0 der Ortsvorwahl weg. Wer von Österreich aus nach **Deutschland** telefonieren möchte, wählt die 0049, die **Ländervorwahl der Schweiz** lautet 0041.

Seit 2017 gibt es in der EU keine Roaminggebühren mehr. Das Telefonieren und Surfen mit dem Handy ist im EU-Ausland so günstig wie zu Hause – es sei denn, man nutzt das Handy im Ausland über einen längeren Zeitraum hinweg, dann können je nach Anbieter Nutzungsobergrenzen gelten. Bei Telefonaten innerhalb Österreichs richten sich die Kosten nach den vereinbarten Tarifbedingungen.

Die kostenlose **Notrufnummer lautet 112.**

081lz-se

REISE
KNOW-HOW
@ReiseKnowHow
@reiseknowhowverlag
@Reise_KnowHow
auf www.reise-know-how.de
für den Newsletter anmelden
Zugspitze. Foto: Aneta Niemitz
Landkarten | KulturSchock | Wanderführer | ReiseSplitter

Register

Impressum

Sven Eisermann

CityTrip Linz

© Reise Know-How Verlag
Peter Rump GmbH
3., neu bearbeitete und aktualisierte Auflage 2022

ISBN 978-3-8317-3611-9

Printed in Germany

Druck und Bindung:
mediaprint solutions GmbH, Paderborn

Herausgeber: Klaus Werner
Layout: amundo media GmbH (Umschlag, Inhalt), Peter Rump (Umschlag)
Lektorat: amundo media GmbH
Karten: Ingenieurbüro B. Spachmüller, amundo media GmbH
Anzeigenvertrieb: KV Kommunalverlag GmbH & Co. KG, Alte Landstraße 23, 85521 Ottobrunn, Tel. 089 928096-0, info@kommunal-verlag.de
Kontakt: Osnabrücker Str. 79, 33649 Bielefeld, info@reise-know-how.de

Alle Angaben in diesem Buch sind gewissenhaft geprüft. Preise, Öffnungszeiten usw. können sich jedoch schnell ändern. Für eventuelle Fehler übernehmen Verlag wie Autor keine Haftung.

Bildnachweis

Umschlagvorderseite: stock.adobe.com © saiko3p | Umschlagrückseite und Umschlagklappe rechts: Sven Eisermann
Soweit ihre Namen nicht vollständig am Bild vermerkt sind, stehen die Kürzel an den Abbildungen für die folgenden Fotografen, Firmen und Einrichtungen. Sven Eisermann: se | fotolia.com by Adobe: fo | Linz Tourismus: lt | Zoo Linz: zl

Liste der Karteneinträge

Hier nicht aufgeführte Nummern liegen außerhalb der abgebildeten Karten. Ihre Lage kann aber wie die von allen Ortsmarken im Buch mithilfe der Web-App angezeigt werden (s. S. 143).

Zeichenerklärung

1	Hauptsehenswürdigkeit, fortlaufend nummeriert
[D3]	Verweis auf Planquadrat
	Arzt, Apotheke, Krankenhaus
	Bar
	Bibliothek
	Biergarten, Kneipe
	Brunnen
	Café, Eiscafé
	Camping, Zelten
	Fischrestaurant
	Friedhof
	Galerie
	Geschäft, Kaufhaus, Markt
	Hotel, Unterkunft
	Imbiss
	Informationsstelle
	Kino
	Kirche
	Museum
	Musikszene, Disco
	Parkplatz/-haus
	Pension
	Polizei
	Post
	Restaurant
	Schwimmbad
	Sonstiges
	Sport-/Spieleinrichtung
	Straßenbahn-Halt
	Synagoge
	Theater
	Weinstube
	Stadtspaziergang (s. S. 12)
	Shoppingareale
	Gastro- und Nightlife-Areale

Linz mit PC, Smartphone & Co.

QR-Code auf dem Umschlag scannen oder **www.reise-know-how.de/citytrip/linz22** eingeben und die **kostenlose Web-App** aufrufen (Internetverbindung zur Nutzung nötig)!

★**Anzeige der Lage und Satellitenansicht aller** beschriebenen Sehenswürdigkeiten und weiteren Orte
★**Routenführung** vom aktuellen Standort zum gewünschten Ziel
★**Exakter Verlauf** des empfohlenen Stadtspaziergangs
★**Updates** nach Redaktionsschluss

GPS-Daten zum Download

Die GPS-Daten aller Ortsmarken und des Spaziergangs können hier geladen werden: www.reise-know-how.de, dann das Buch aufrufen und zur Rubrik „Datenservice" scrollen.

Stadtplan für mobile Geräte

Um den Stadtplan auf Smartphones und Tablets zu nutzen, empfehlen wir die App „Avenza Maps" der Firma Avenza™. Über die Funktion „Store" kann die „Citymap Linz 2022" kostenlos geladen werden.

Die Web-App und der Zugriff auf diese über QR-Codes sind eine freiwillige, kostenlose Zusatzleistung des Verlages. Der Verlag behält sich vor, die Bereitstellung des Angebotes und die Möglichkeit der Nutzung zeitlich und inhaltlich zu beschränken. Der Verlag übernimmt keine Garantie für das Funktionieren der Seiten und keine Haftung für Schäden, die aus dem Gebrauch der Seiten resultieren. Es besteht ferner kein Anspruch auf eine unbefristete Bereitstellung der Seiten.

Herausgeber, für den Inhalt verantwortlich: LINZ AG LINIEN
Liniennetzplan: Werbeagentur geografik, Graz, 21-79 | 11 21
Änderungen und Druckfehler vorbehalten.

Gültig ab Dezember 2021

Unterkunft

In Linz stehen Unterkünfte in allen Preisklassen zur Verfügung. Außer zu besonderen Veranstaltungen und Messen hat man in Linz – im Vergleich zu Salzburg und Wien – auch in der Hauptsaison zwischen Mai und September gute Chancen, die geeignete Unterkunft zu finden. Die Preise bewegen sich auf dem Niveau deutscher und österreichischer Großstädte. Bei Qualitätsrankings schneiden die Linzer Hotels stets gut ab.

Die **Tourismusabgabe** in Linz beträgt 2 € pro Nacht. Sie wird automatisch in den Übernachtungspreis einberechnet.

Die im Anschluss aufgeführten Hotels befinden sich größtenteils zentrumsnah, teilweise aber auch über das gesamte Stadtgebiet verteilt. In der Regel besteht durch die öffentlichen Verkehrsmittel auch hier eine gute Anbindung ans Zentrum.

Unterkunftstipps

Gut und günstig

102 [cf] **Gasthof Lüftner** €, Klausenbachstraße 18, Linien 1, 2 „Ferdinand-Markl-Straße", Tel. 750166, www.gh-lueftner.at. **Günstiger Gasthof:** etwas außerhalb Richtung Sankt Magdalena gelegen, aber durch die Straßenbahn gut angebunden. Ruhig, freundlich, gutes Preis-Leistungs-Verhältnis und gute Küche.

Blick vom Lentos-Kunstmuseum **20** *auf die Donau-Promenade. Hier gehen auch die großen Kreuzfahrtschiffe vor Anker.*

103 [E5] **Haus Waltraud** €, Hessenplatz 6, Linien 1, 2, 3 „Mozartkreuzung", Tel. 0664 4237002. **Erschwinglich im Zentrum:** Für die, die (auch länger) in Linz logieren wollen, ist Haus Waltraud geeignet: Es verfügt über gut ausgestattete Appartements und befindet sich sehr zentral in der Innenstadt. Auch Einzelzimmer und Mehrbettzimmer sind vorhanden. Kein Frühstück.

104 [C9] **Hotel zur Lokomotive** €-€€, Weingartshofstraße 40, Linien 1, 2, 3 „Hauptbahnhof", Tel. 6545540, www.hotel-lokomotive.at. **Charmante Herberge:** Allzu hohe Ansprüche darf man bei diesem etwas in die Jahre gekommenen Hotel nicht haben. Dafür gibt es relativ günstige und ordentliche Zimmer, auch Mehrbettzimmer. Wie der Name schon andeutet: in der Nähe des Hauptbahnhofs gelegen.

105 [C9] **ibis Linz City** €, Kärntner Straße 18–20, Linien 1, 2, 3 „Hauptbahnhof", Tel. 69401, https://ibis.accor.com. **Gutes Preis-Leistungs-Verhältnis:** günstiges Hotel am Linzer Hauptbahnhof.

106 [C6] **Stadtoase Kolping Hotel** €-€€, Gesellenhausstraße 5, Linien 1, 2, 3 „Bürgerstraße", Tel. 661690, www.hotel-kolping.at. **Zentral und freundlich:** Das zwischen Hauptbahnhof, Mariendom und Landstraße zentral und doch ruhig gelegene Hotel bietet ordentliche Zimmer und punktet mit einem Frühstücksbuffet, das kaum Wünsche offenlässt.

Wohlfühlen und genießen

107 [B2] **arte Hotel Linz** €€-€€€, Fiedlerstraße 6, Linien 1, 2, 3 „Rudolfstraße", Tel. 733733, www.arte-linz.at. **Am Puls der Zeit:** modernes Designhotel in Urfahr ganz in der Nähe des Ars Electronica Center **19**. Über die Nibelungenbrücke ist es nur ein Katzensprung in die Altstadt.

108 [C4] **Austria Classic Hotel Wolfinger** €€, Hauptplatz 19, Linien 1,

Preiskategorien

Die angegebenen Preiskategorien gelten für zwei Personen im Doppelzimmer mit Frühstück.

€	bis 110 Euro
€€	110–160 Euro
€€€	über 160 Euro

2, 3 „Hauptplatz", Tel. 7732910, www.hotelwolfinger.at. **Geschichtsträchtig schlummern:** ein Hotel mit viel Charme und Atmosphäre – ideal für all jene, die es ein bisschen altmodisch lieben. Hier atmet man Linzer Geschichte. Die Zimmer sind im Biedermeierstil eingerichtet. Da es am Hauptplatz an sommerlichen Wochenenden nachts etwas lauter werden kann, empfiehlt sich für unruhige Schläfer ein Zimmer zum Innenhof.

109 [df] **Harry's Home** €€, Donaufeldstraße 3, Linien 1, 2 „Schumpeterstraße" (von hier 7 Min. Fußweg), Tel. 050 12141290, https://harrys-home.com/linz-urfahr. **Empfehlenswert, aber etwas außerhalb:** modernes, komfortables und absolut empfehlenswertes Hotel am nordöstlichen Stadtrand in der Nähe des Pleschinger Sees.

110 [cg] **Hotel Donauwelle** €€, Am Winterhafen 13, Linie 27 „Gallanderstraße", Tel. 78990, https://linz.twhotels.at. **Für Hafenliebhaber:** großes Hotel mit 255 Betten direkt an der Donau. Freundlicher Service und sehr gutes Frühstück. Wer die Hafenromantik des etwas außerhalb gelegenen Hotels zu schätzen weiß, ist hier genau richtig.

111 [ch] **Hotel Prielmayerhof** €€-€€€, Weißenwolffstraße 33, Linien 45, 46 „Garnisonstraße", Tel. 7741310, www.prielmayerhof.at. **Ruhig und ordentlich:** etwas außerhalb des Stadtzentrums Richtung Hafen gelegenes Hotel.

Buchungsportale

Neben Buchungsportalen für **Hotels** (z. B. www.booking.com, www.hrs.de oder www.trivago.de) bzw. für **Hostels** (z. B. www.hostelworld.com) gibt es auch Anbieter, bei denen man **Privatunterkünfte** buchen kann. Portale wie www.airbnb.de, www.wimdu.de oder www.9flats.com vermitteln Wohnungen, Zimmer oder auch nur einen Schlafplatz auf einer Couch. Diese oft recht günstigen Übernachtungsmöglichkeiten sind nicht unumstritten, weil manchmal normale Wohnungen gewerblich missbraucht werden. Einige Städte greifen deshalb regulierend ein.

Ruhig und persönlich

112 Baumgartnergut – Napoleonhof €, Wambacherstraße 82, Tel. 0664 5201718, www.baumgartnergut.at. **Landluft genießen:** ein im Grünen gelegener Bauernhof, der Zimmer vermietet.

113 Gasthof & Hotel Zum grünen Wald Wolfsegger €-€€, Prager Bundesstraße 12, 4209 Engerwitzdorf, Tel. 07235 50400, www.wolfsegger.at. **Freundlich und gemütlich:** Das Hotel befindet sich weit außerhalb der Innenstadt, einige Kilometer östlich der Johannes Kepler Universität und damit quasi schon im Mühlviertel. Wen die Entfernung nicht stört, der wird durch eine individuell-familiäre Unterkunft mit schönen Zimmern und sehr gutem Gasthaus entlohnt.

114 Urlaub auf dem Bauernhof „Waldbothgut" €, Waldbothenweg 40, Linie 106 „Gottschallinger Straße", Tel. 0699 11884180, www.waldbothgut.at. **Natur pur:** wohnen in einem schönen oberösterreichischen Vierkanthof – mitten in der Natur und dennoch in der Nähe von Linz. Im angrenzenden Wald kann man

Ausschau nach Rehen und Fasanen halten. Wer möchte, kann je nach Saison beim Mostpressen oder Schnapsbrennen mithelfen und im Anschluss ein paar gute Tropfen in geselliger Runde verkosten.

Besonders gut gelegen

115 [D1] **ARCOTEL Nike Linz** €€, Untere Donaulände 9, Linien 1, 2, 3 „Hauptplatz" (10 Minuten Fußweg) oder 12, 25 „Parkbad" bzw. 26 „Brucknerhaus", Tel. 76260, www.arcotelhotels.com/nike. **Zentral am Flussufer:** großes Hotel in einem Hochhaus direkt an der Donau. Von hier ist es nur ein Katzensprung in die Altstadt. Tipp: Bei der Buchung ein Zimmer mit Donaublick in einer höheren Etage wählen!

116 [C6] **Hotel am Domplatz** €€-€€€, Stifterstraße 4, Linien 1, 2, 3 „Mozartkreuzung", Tel. 773000, www.hotelamdomplatz.at. **Im Schatten der Kathedrale:** zentral gelegenes, modernes Hotel direkt am Mariendom 13 – viele Zimmer mit Blick auf den Dom. Reichhaltiges Frühstücksbuffet und freundlicher Service.

117 [C4] **Zum Schwarzen Bären** €€, Herrenstraße 9-11, Linien 1, 2, 3 „Taubenmarkt", Tel. 772477, www.linz-hotel.at. **Im Herzen der Stadt:** Zentraler als in der Herrenstraße, mitten in der Fußgängerzone, lässt es sich kaum nächtigen. Zum Hotel gehört ein Restaurant mit guter Küche.

066lz-lt©LE

Im Hotel Zum Schwarzen Bären wird dem Sänger Richard Tauber („Dein ist mein ganzes Herz") gedacht

Campingplätze

118 **Campingplatz Linz-Pichlingersee,** Wiener Straße 937, Buslinie 11 Endhaltestelle „Pichlingersee", Tel. 0043 732305314, www.camping-linz.at, geöffnet: 15. März-15. Oktober. Der Campingplatz liegt an der A1 (Westautobahn) und verfügt über einen Badesee. Von der Linzer Innenstadt ist er allerdings etliche Kilometer entfernt.

119 [eg] **Zeltplatz Linz-Artaninger See (Pleschinger See),** Seeweg 11, Buslinien 33/33a Endhaltestelle „Pleschinger See", Tel. 0043 7322454607. Der nahe der Donau gelegene, sehr einfache Zeltplatz (nur Zelte!) befindet sich ebenfalls an einem kleinen Badesee. Die Entfernung zum Stadtzentrum ist allerdings geringer.

Verkehrsmittel

Linz zeichnet sich durch kurze Wege aus. Die meisten Sehenswürdigkeiten rund um die Donau und rechts und links von Hauptplatz 1 und Landstraße sind gut zu Fuß erreichbar, sodass Linz-Besucher weitgehend auf die „Öffis“ verzichten können. Um die weiter entfernten Ziele wie die voestalpine Stahlwelt 31 oder den Pöstlingberg 26 zu erreichen, ist die Benutzung des öffentlichen Nahverkehrs jedoch oft unumgänglich.

In Linz verkehren **vier Straßenbahnlinien** (Linien 1, 2, 3 und 4), die zwischen Hauptbahnhof und Urfahr (Rudolfstraße) alle auf derselben Strecke verkehren und somit die wichtige Linzer Nord-Süd-Achse über Hauptplatz und Landstraße abdecken. Außerdem gibt es die **Pöstlingbergbahn** 25 und etliche **Busse.** Am Wochenende (Fr./Sa.) und vor den Feiertagen gibt es zusätzlich Nachtbuslinien. Betrieben werden alle Verkehrsmittel von der Linz Linien GmbH, der Linz AG.

Achtung: Die Straßenbahnen fahren sehr leise und da die Landstraße für den Autoverkehr gesperrt ist, gerät man schnell in Versuchung, die Straße zu überqueren, ohne vorher zu schauen. Hier ist stets besondere Vorsicht angebracht, insbesondere in der Nähe der Gleise.

Tickets

Einzelfahrscheine müssen vor Fahrtantritt an den Touchscreen-Automaten der Haltestellen gelöst oder entwertet werden. **Vorverkaufstickets** (an den Automaten an den Haltestellen entwerten!) können im LINZ AG Linien-Infocenter, in ausgewählten Tabak-Trafiken (Kioske) oder in der **LinzMobil App** (kostenlos für iOS und Android) erworben werden.

Die Ticketpreise sind im Vergleich zu anderen europäischen Städten human. Im Folgenden sind die **Tari-**

Mein Tipp

Öffis und Kultur: Geld sparen mit der Linz Card

Die Linz Card ist das „Sesam öffne dich“ zu den wichtigsten **Linzer Museen** und **zum öffentlichen Nahverkehr.** Sie garantiert unter anderem freien Eintritt ins Ars Electronica Center 19, ins Lentos Kunstmuseum 20, ins Nordico Stadtmuseum 10, ins Schlossmuseum 8, in die Landesgalerie 23 und in die voestalpine Stahlwelt 31.

Um schnell von A nach B zu kommen, können alle **Busse und Straßenbahnen** kostenlos benutzt werden. **Weitere Vergünstigungen** erhält man unter anderem bei Stadtspaziergängen, Stadtrundfahrten mit dem Linz City Express, der Grottenbahn am Pöstlingberg, im Zoo oder im Botanischen Garten. Außerdem gehört zur Linz Card ein **Donau-Kultur-Gutschein** im Wert von 10 Euro, einzulösen bei Eigenveranstaltungen in Linzer Theater- und Konzerthäusern sowie bei Hafenrundfahrten der Reederei Wurm + Noé (s. S. 41). Bei der 2- und 3-Tages-Karte ist zusätzlich noch eine Berg- und Talfahrt mit der Pöstlingbergbahn inkludiert. Der Preis für die **1-Tages-Karte** beträgt 16 € (15 € ermäßigt), die 2-Tages-Karte kostet 27 € (25 € ermäßigt), für die **3-Tages-Karte** zahlt man 35 € (ermäßigt 33 €). Erhältlich ist die Linz Card bei der Tourist-Info am Hauptplatz (s. S. 113) und in ausgewählten Museen sowie Hotels.

› www.linztourismus.at/freizeit/reise-planen/city-cards/linzcard/

045lz-se

fe für Erwachsene angegeben (Stand: Frühjahr 2022, für Jugendliche usw. gelten Ermäßigungen, Kinder fahren teils gratis):

- **MINI (Kurzstrecke):** Die Kurzstreckenfahrkarte (MINI) für vier Haltestellen (ohne Einstiegshaltestelle gerechnet) kostet 1,30 € am Fahrscheinautomaten oder als 6er-Vorverkaufskarte um 7,50 € (die MINI-Fahrkarte gilt nicht auf Schnellbus- und Regionalbuslinien).
- **MIDI (Normalstrecke):** Eine Langstreckenfahrkarte in eine Richtung bekommt man am Fahrscheinautomaten zum Preis von 2,60 € oder als 6er-Vorverkaufskarte um 15 €.
- **MAXI (Tageskarte):** Sie ist ab Entwertungs- bzw. Kaufzeitpunkt 24 Stunden lang gültig. Preis: 5,20 € am Fahrscheinautomaten oder als 6er-Vorverkaufskarte um 30 €. Zusatznutzen: Der Karteninhaber kann unentgeltlich bis zu vier Kinder unter 15 Jahren mitnehmen.
- **Wochenkarten** kosten im Vorverkauf um 16,50 € und sind ab Entwertung sieben Kalendertage gültig (zum Beispiel von Donnerstag bis zum darauffolgenden Mittwoch um 24 Uhr). Der Karteninhaber kann an Samstagen, Sonn- und Feiertagen einen Erwachsenen und bis zu vier Kinder unter 15 Jahren gratis mitnehmen.

•120 [C3] **Linz AG Linien-Infocenter,** Hauptplatz 34, Tel. 34007000, www.linzag.at, geöffnet: Mo.–Do. 8–17 Uhr, Fr. 8–13 Uhr

Taxi

Leider ist es in österreichischen Städten mittlerweile oft Glückssache, einen kompetenten Taxifahrer zu finden, der die Stadt wie seine Westentasche kennt. Generell mangelt es in Linz jedoch nicht an Taxis.

- **Taxi 6969:** Tel. 0043 732 6969
- **Taxi 2244:** Tel. 0049 732 2244

Die Linien der Linzer Straßenbahn fahren zwischen Hauptbahnhof und Hauptplatz über die Landstraße

Wetter und Reisezeit

Das Wetter in Linz ist vergleichbar mit anderen mitteleuropäischen Großstädten. Klimatisch liegt Oberösterreich im Übergangsbereich von atlantischem und zentraleuropäischem Klima.

Die **Winter** – speziell der Januar und der Februar – können in Linz auch mal unangenehm kalt werden. Teilweise schneit es auch, wobei der Schnee im Gegensatz zu den Alpen und zum bergigen Mühlviertel im Linzer Becken nur selten lange liegen bleibt. Zahlreiche Christkindlmärkte machen Linz auch im Advent zu einem attraktiven Reiseziel. Im Spätherbst und Winter herrscht, begünstigt durch die Donau, häufig Nebel über der Stadt.

Im **Frühling** blüht die Stadt auf, die Menschen genießen die Sonne, sitzen in den Terrassenlokalen im Freien und pilgern auf den Schlossberg 8, den Pöstlingberg 26, den Freinberg 28 oder in den Botanischen Garten 29, um die dortige Blütenpracht zu genießen. Auch die Donauschifffahrt nimmt im Frühling wieder ihren Betrieb auf und die Radfahrer machen Station in der Stadt. Allerdings kann es zwischen April und Juni auch ausgiebig regnen.

Mitte Juni beginnt in Linz der **Hochsommer** und speziell im Juli und August kann es heiß werden. Erholung und Entspannung findet man dann am Donaustrand in Urfahr oder an den Linzer Badeseen. In den vergangenen Jahren kam es allerdings insbesondere im Frühsommer in ganz Oberösterreich regelmäßig zu schweren Unwettern mit Starkregen und Hagel.

Speziell im **Spätsommer und Herbst** ist Linz ein reizvolles Reiseziel, wenn sich das Laub der Bäume verfärbt und es noch sonnige Tage gibt. Von der Franz-Josephs-Warte am Freinberg genießt man bei Föhn oft einen fantastischen Blick in die Alpen.

Die **klassische Reisezeit** für Linz sind die Monate April bis September. Durch die Vielzahl an Museen und überdachten Sehenswürdigkeiten wie Kirchen und Klöster lohnt sich ein Kurztripp aber generell zu jeder Jahreszeit.

An der Promenade 7 steht das lebensgroße Adalbert-Stifter-Denkmal

Durchschnitt	Wetter in Linz											
Maximale Temperatur	0°	3°	9°	14°	19°	22°	24°	23°	20°	13°	6°	2°
Minimale Temperatur	-6°	-5°	-1°	3°	7°	11°	12°	12°	9°	4°	0°	-4°
Regentage	17	17	15	15	16	17	16	17	13	12	15	17
	Jan	Febr	März	Apr	Mai	Juni	Juli	Aug	Sept	Okt	Nov	Dez

ANHANG

067lz-se

Kleine Sprachhilfe Österreichisch

Die folgenden Wörter und Redewendungen wurden dem Reisesprachführer „Österreichisch – das Deutsch des Alpenlandes“ (Kauderwelsch-Band 229) aus dem Reise Know-How Verlag entnommen und sollen dem Leser eine erste kurze Einführung in die österreichische Sprache bieten.

Begrüßen und Verabschieden

Grüß Gott! Grüß dich! / euch! Griaß di! / Griaß eich! (Dialekt)	Guten Tag!
Küss die Hand! Habe die Ehre! Meine Verehrung, Gnädigste!	Guten Tag!
Servus! ugs: Servas! Heile! (westösterr., unter Bekannten, völlig unpolitisch!) Hallo! (auf der 1. Silbe betont)	Hallo!
Auf Wiederschauen! Uf Wiederluega! (Vorarlberger Dialekt)	Auf Wiedersehen!
Servus! Baba! (immer endbetont)	Tschüs(s)!
Pfiat di (Gott)! (Dialekt) Pfiat euch (Gott)! (jedoch niemals „Pfiat Sie“!)	Behüte dich Gott! Behüte euch Gott!
Also dann, ich bin dahin!	Ich bin dann mal weg!
Baba und schaut's auf euch!	Tschüs und macht's gut!

Floskeln und Fragen

Gestatten Sie ... ! Darf ich höflich fragen ... ! Sind S' mir nicht bös' ... !	Entschuldigung!
Und passt eh alles? Und wie haben wir's? ugs.: Und wie hamma's? Und wie schauen wir aus? ugs.: Und wie schau' ma aus?	Und, wie geht's?

Redewendungen

Das taugt mir!	Das gefällt mir!
(Geh) wusch!	Wow!, Unglaublich!
Geh, bitte!	Ach, komm!
Gemma ... !	Lasst uns ... !
Gemma gemma!	Schneller! Ein bisschen zackig!
Hoppala!	Hoppla!

Jössas!	Huch!
Helf dir Gott!, Vergelt's Gott!	Gesundheit! (Niesen)
Bumstinazl!	Wahnsinn!, Unfassbar!
Na da schau her!	Das sind ja mal Neuigkeiten!
Na geh?!	Echt?! Wirklich?!
Na Servus!	Das hat jetzt gerade noch gefehlt!
No na!	Versteht sich ja wohl von selbst!
Öha!	Hoppla!, auch: Moment mal!
Schau di' an!	Mann oh Mann! Alle Wetter!
Fix noch einmal!	Mist!, Verflixt!
Kruzitürken!	Verflixt!
Schmäh ohne! / Ohne Schmäh!	Das meine ich ganz ernst!/ Ohne Scheiß! Kein Witz!
Soda! / Sodala!	Hier! / Hier haben Sie! / Hier habt ihr!
Da hört sich ja alles auf!	Das ist ja wohl die Höhe!
Das spießt sich!	Da geht gar nichts voran!
Jetzt kann ich nicht mehr aus!	Jetzt weiß ich nicht mehr weiter!
Das freut mich nicht!	Ich habe keine Lust!
Das geht mich an.	Das geht mir auf die Nerven.
Das ist für den Hugo!	Das ist für die Katz!

Die wichtigsten Richtungsangaben

umi / uma	hinüber / herüber
aufi / aufa	hinauf / herauf
auchi / aucha (westösterr.)	hinauf
obi / oba	hinunter / herunter
euchi / oichi / ouche (westösterr.) (Nicht mit „auch" oder „euch" verwechseln!)	hinunter
dauni / dauna	von etwas weg
zuwi / zuwa	zu etwas hin/her
vieri	geradeaus, vorwärts
z'ruck	zurück, rückwärts

Die wichtigsten Zeitangaben

heuer	dieses Jahr
hie und da	ab und an, stellenweise
hintennach	danach
im Vorhinein	im Voraus
in der Früh	am Morgen, morgens
nacht (westösterr.)	gestern
untertags	tagsüber
unter der Woche	in der Woche
wochentags	werktags
zeitgerecht	rechtzeitig
in Hinkunft	in Zukunft
alle heiligen Zeiten	alle Jubeljahre
Nur nicht hudeln!	Nur keine Eile!